프롤로그

항암을 종료해야 할 수도 있다는 말을 전해 들었던 그 날 밤, 잠이 들고 나서도 마음이 좀처럼 가라앉지 않았다. 어쩌면 그 불안이 스스로 불면을 만들어낸 것인지도 모른다.

잠이 들었고 꿈은 영화의 첫 장면처럼 시작됐다. 초반의 바다는 고요했다.

어린 시절 집 뒤 '뒷개' 바다처럼 바닥까지 보일 만큼 맑았고, 사람들은 흙바닥 위에 앉아 평온하게 낚시를 하고 있었다. 햇빛이 잔잔하게 물 위에 부서지는 모습이 이상할 정도로 현실 같았다. 그 평온이 오래 갈 것처럼 보였다.

그런데 아무 예고도 없이, 흙바닥은 흔적도 없이 사라지고, 천 년은 버틴 듯한 주상절리 절벽이 수직으로 솟아 있었다. 바다의 색은 한순간에 깊어졌고, 바람의 온도까지 달라졌다. 바로 그때, 5미터, 10미터에 달하는 거대한 파도가 절벽 아래로 몰아쳤다. 사람들은 혼비백산해 절벽을 타고 죽을힘을 다해 올라갔다. 누군가는 미끄러졌고, 누군가는 손톱이 깨져가며 겨우 절벽 위쪽으로 몸을 끌어올렸다.

나는 그 자리에서 움직이지 않았다. 도망쳐야 한다는 걸 알면서도, 나만 그 자리에 붙박인 사람처럼 남아 있었다. 꿈속에서 정해진 역할이 있는 것처럼 '떠나지 않고 버티는 사람'의 자리에 서 있었다. 파도는 멈추지 않았다. 사람보다 훨씬 큰 물고기들이 깊은 바다에서 흔들리며 지나갔다. 누구도 잡을 수 없는 생명들. 삶과 죽음이 한 물결 안에 뒤섞여 있었다.

그리고 어느 순간, 바닷속에서 석상 같은 존재가 걸어 나왔다. 사람의 형태였지만 생명은 없었다. 죽은 이들을 데리러 온 수호자 같은 느낌이었다. 그 존재는 파도에 휩쓸린 사람들을 하나씩 돌조각으로 바꾸더니, 물고기 모형들이 지키는 행렬 속으로 사라졌다. 상여가 떠나는 풍경 같았다.

그 난리 속에서 나는 엄마의 손을 붙잡고 절벽 틈에 붙어 있던 작은 컨테이너로 몸을 숨겼다. 창문을 파도가 세차게 때려도 엄마는 놀라지 않았다. 그저 조용히 바다를 바라보고 있었다. 현실의 엄마와 닮은 담담함이었다. 그러다 또 한 번 크게 파도가 치고 난 뒤, 엄마가 컨테이너 안에서 사라졌다.

나는 죽을힘을 다해 밖으로 달려 나갔다. 그리고 보았다. 엄마가 돌 같은 존재의 뒤를 따라 천천히 바다속으로 걸어가고 있었다. 꿈속의 나는 알고 있었다. 그 존재는 살아 있는 사람이 따라갈 수 없는 존재라는 걸. 죽은

이를 데려가는 존재라는 걸.

그런데도 나는 끝까지 뛰었다. 포기하지 않고, 계속 달렸다. 그러자 그 존재가 잠시 걸음을 멈추었다. 엄마와 나에게 마지막 시간을 허락하듯이. 나는 엄마를 끌어안았다. 엄마의 손 한쪽이 심하게 부어 있었다. 현실의 엄마처럼. 그 포옹이, 엄마와의 마지막이었다.

꿈속에서 다른 곳으로 이동했다 부산 어딘가의 고요한 항구였다. 파도는 아주 잔잔했고, 공기에는 담담한 체념의 냄새가 섞여 있었다. 누군가가 속삭이듯 말했다.

"첫째 둘째는 떠나고… 셋째만 살아남았지."

그 말을 듣는 순간에도 나는 바다를 바라보며 서 있었다.

잠에서 깼을 때 나는 한참 동안 울었다. 단순한 꿈이 아니었다. 어머니를 잃을까 두려운 마음이 만들어낸, 하나의 이별 연습이었다.

깨어나고도 한동안 가슴이 세게 뛰었다. 악몽이라기

보다 마음속 깊은 곳이 그대로 드러난 느낌이었다. 숨을 길게 내쉬지 않으면 견딜 수가 없었다. 생각해 보면, 그 꿈의 파도는 단순한 자연의 파도가 아니었다. 내가 지금 견디고 있는 현실의 무게, 언제 어떻게 밀려올지 모르는 불안과 공포가 꿈속 바다에서 모양을 바꾼 것이었다. 병원에서 들은

"항암치료는 더 이상 불가할 것 같습니다."

그 말 한마디가 내 마음의 흙바닥을 돌로 굳히고 삶을 절벽처럼 만들어버렸으니까.

다른 사람들이 절벽을 타고 올라갈 때 나만 그 자리에 남아 있던 이유도 이제는 알 것 같았다. 나는 도망칠 수 없었다. 버티는 사람, 남아서 지켜야 하는 사람, 엄마를 마지막까지 놓을 수 없는 사람. 그 자리가 나였기 때문이다.

마음 한켠에서는 이미 엄마를 떠나보낼 준비를, 어떻게든 시작하고 있었던 것이다.

그 존재가 마지막 포옹을 허락한 이유도 꿈이라서가

아니라, 내 마음이 현실에서 차마 하지 못한 그 포옹을 꿈에서라도 붙들고 싶었기 때문일 것이다.

그 밤 이후로 나는 자주 생각한다. 이 꿈은 엄마를 보내야 하는 내가 조금씩, 아주 조금씩 그 사실을 준비해 가는 일임을. 꿈속의 마지막 포옹은 엄마가 나에게 건넨, 가장 조용하고 가장 깊은 작별 인사였다는 것을.

일러두기

이 책은 항암치료 중인 엄마의 기억을 녹취하여 기록한 글입니다. 아들이 녹취하고 다듬었습니다.

CHAPTER 3

CHAPTER 4

금수저

어느 날 밤, 이상한 꿈을 꾸었다.

요포마을 버스 정류장에 혼자 서 있었다. 막차 시간이 가까워져 가던 늦은 밤, 시골길엔 차도 사람도 없었다. 바람이 불 때마다 낡은 안내판이 삐걱거리며 흔들렸다.

버스를 기다리며 어둠만 멍하니 바라보고 있었는데 갑자기 앞이 훤해졌다. 깊은 바다 밑에서 올라오는 빛처럼, 정류장 바닥까지 환해졌다. 빛 한가운데에서 누군가가 걸어 나왔다.

얼굴은 또렷하게 보이지 않았지만 이상하게도 무섭지는 않았다. 오래전부터 알고 지내던 사람을 다시 만난 것처럼 마음이 먼저 가라앉았다.

그 사람이 내 앞에 서더니 두 개의 수저를 내밀었다. 한 손에는 은수저, 다른 손에는 금수저가 들려 있었다. 은수저는 오래 사용한 것처럼 빛이 부드러웠다. 집에서 늘 쓰던 양은 냄비와 잘 어울릴 것 같은 색이었다. 금수저는 달랐다. 어두운 밤인데도 스스로 빛을 내는 것 같았다. 손을 대기도 전에 따뜻한 기운이 번져오는 느낌이 들었다. 그 사람이 물었다.

"어떤 것을 가져가겠느냐."

목소리는 낮았지만 정류장 기둥과 어둔 밤공기를 한 번 더 울렸다. 나는 잠시 망설였다.

살림살이를 생각하면 검소한 은수저가 더 어울렸다. 내가 태어나 자라온 집과도, 지금의 형편과도. 그래도 눈은 자꾸 금수저로 갔다. 이왕이면 빛나는 것을 잡고 싶었다. 언젠가 한 번쯤은 눈치 보지 않고 좋은 것을 선택해 보고 싶었다.

나는 결국 금수저를 집었다.

차갑겠지 했는데 손끝에 닿은 금수저는 미지근한 체온이 배어 있었다. 그 온기를 느끼는 순간, 꿈이 뚝 끊기듯 사라졌다.

눈을 뜨니 아직 새벽이었다. 방 안은 캄캄하고, 창문 틈으로만 바람 소리가 스며들었다.

옆에서 자던 남편의 숨소리가 규칙적으로 들려왔다.

'이상한 꿈을 꿨네.'

잠이 달아나 한참 천장을 바라보다가 다시 눈을 감았다.

며칠 뒤, 보령아산병원에 갔다. 몸이 이상하게 무거워서였다. 하얀 가운을 입은 간호사가 검사지를 들여다보더니 말했다.

"축하해요. 임신이네요."

집으로 돌아오는 버스 안에서 나는 정류장에서 보았던 두 개의 수저를 떠올렸다. 얼마 뒤, 배 속의 아이가 아들이라는 말을 들었다.

그 시절 시골 여자들에게 태몽은 아이의 팔자를 미리 알려주는 편지 같은 것이었다.

눈 내리던 날

1991년 1월 8일, 눈이 많이 내리던 날이었다.

새벽부터 눈발이 굵어졌다. 마당에 찍힌 발자국이 금세 흰빛에 묻혔다. 지붕 처마 끝에는 고드름이 길게 매달렸고, 바람이 스치면 살얼음끼리 부딪히는 소리가 났다. 남편은 그날 새벽에도 집에 없었다. 전날 저녁, 놀음판에 다녀오겠다며 나갔다. 문 닫히는 소리가 들렸고, 바스락 바스락 눈이 쌓인 흙길을 걸어나갔다.

밤이 깊어도 돌아오지 않았다. 벽시계 초침 소리만 방

안에 울렸다 진통은 새벽녘부터 시작됐다. 배 아래가 묵직하게 조여왔다 풀렸다. 첫째를 낳을 때 사흘이나 걸렸으니, 이번에도 여유가 있을 거라고 생각했다. 그때까지만 해도 '오늘 밥은 어떻게 챙기나' 하는 생각이 먼저 들었다.

해가 올라올 즈음, 문이 열렸다. 남편이 눈을 털어내며 들어왔다. 옷깃에는 담배 냄새와 소주 냄새가 섞여 있었다.

"배가 좀 아파."

말을 꺼내자, 남편은 벗던 외투를 들고 잠시 나를 쳐다보더니 어깨를 으쓱했다.

"첫째 때도 그랬잖아. 아직 멀었겠지."

대수롭지 않게 말했다. 창밖에서는 눈보라가 창문을 세차게 때렸다. 시골에서는 아이를 낳으려면, 산부인과보다 먼저 마을 어른들 손을 찾곤 했다.

"여보!"

숨을 들이마시는 사이도 없이 통증이 몰려왔다. 배를

움켜쥐고 바닥에 주저앉으니 허리가 꺾이는 것 같았다. 숨을 쉴 때마다 짧은 신음이 새어 나왔다. 곧 남편 얼굴빛이 변했다.

택시를 불러보려 했지만, 눈길에는 나오지 않겠다는 말만 돌아왔다. 그날은 기사들도 쉬는 날이라고 했다. 남편은 서둘러 신발을 신고 밖으로 나갔다. 눈을 밟는 소리가 쿵쿵 들렸다. 옆집으로 뛰어가는 발자국 소리였다.

아이를 많이 받아본 할머니가 숨을 고르며 들어왔다.

"아이고, 머리 나온다. 빨리 눕혀!"

방 안이 갑자기 분주해졌다. 남편은 이불을 꺼내 깔고, 부엌으로 달려가 물을 올렸다. 양은냄비 뚜껑이 덜그럭거리는 소리가 방까지 들렸다. 젖은 나무 냄새와 뜨거운 물 김이 뒤섞여 방 안으로 밀려왔다. 나는 방바닥에 누워 숨을 몰아쉬었다. 배 아래부터 허벅지까지, 온몸이 안에서부터 찢어지는 느낌이었다.

"지금이여, 힘 줘."

할머니의 목소리가 귓가를 때렸다. 이를 악물고, 손가

락으로 이불을 쥐어뜯었다. 온몸의 힘을 모아 한 번, 두 번, 세 번 밀어냈다. 숨이 끊어질 것 같은 순간이 몇 번이나 지나갔다.

공기를 가르고 울음소리가 터졌다.

"딸이야, 딸!"

누가 먼저 외쳤는지는 기억나지 않는다. 남편이었을까, 할머니였을까. 방 안은 피와 눈물, 땀으로 뒤섞였다. 이불은 축축하게 젖어 있었다. 가슴에서는 심장이 쿵쿵 소리를 냈고, 다리는 힘이 빠져 덜덜 떨렸다. 한 생명을 세상에 내보낸다는 건 뜨겁고, 몹시 고된 일이었다.

할머니가 아이를 따뜻한 수건으로 감쌌다. 새빨간 손가락이 오므라졌다 펴졌다. 나는 머리맡에 몸을 기대고 그 작은 손가락만 바라보고 있었다. 내 거친 숨과 아이의 가느다란 숨이 엇갈려 들렸다.

창밖에는 여전히 눈이 내리고 있었다. 흰 눈이 마당과 지붕을 천천히 덮었다.

따뜻한 아버지

남편은 아이들 앞에 서면 다른 사람이었다.

거친 일을 하던 사람이었지만 집에 들어와 아이들이 "아빠!" 하고 달려들면 손부터 씻고, 웃는 얼굴로 두 팔을 벌렸다.

시골 슈퍼에서 사 온 고무풍선을 꺼내 들면 아이들은 양말도 벗지 못한 채 마룻바닥에 앉았다. 남편이 풍선을 불어 크게 부풀릴 때, 입술이 하얗게 질렸다가 다시 붉어졌다.

"우와, 또 해줘요!"

풍선이 터질 때마다 아이들이 놀라 꺄악 소리를 질렀고 남편은 배를 잡고 웃었다. 그 웃음소리가 부엌까지 들어왔다.

밤이 되면 남편은 옛 이야기를 했다. 아이 둘을 양옆에 붙여 앉고,

"자, 이제 오늘의 이야기…. "

하며 아이들의 이목을 끌었다. 이야기를 하다가, 중간 중간 아이들 이름을 넣어 바꿔 읽었다. 책 속 주인공은 늘 우리 아이들이었다.

"여기 용감한 소년은 우리 아들이고, 여기 선녀는 우리 딸이네."

아이들은 자기 이름이 나올 때마다 등을 곧게 세웠다. 남편의 손가락이 줄을 따라 움직이는 동안 방 안 공기는 달아올라 훈훈해졌다.

첫째가 열이 났을 때도 가장 먼저 아이 곁에 앉은 사람은 남편이었다. 젖은 수건을 이마에 올려주고 손등으

로 볼을 계속 짚었다.

"괜찮다, 괜찮다."

한밤중에도 그 말만 되뇌었다. 나보다 깊게 잠을 자던 사람이었는데 그날은 눈을 감지 않았다. 새벽까지 아이 옆에서 허리를 굽힌 채 앉아 있었다.

홍원항 길을 오갈 때면 나는 딸을 가슴에 안고, 남편은 아들을 등에 업었다. 항구까지 이어진 흙길은 해가 뜨면 금세 먼지가 일었다. 바닷바람에는 젖은 그물 냄새가 섞여 있었다. 딸의 숨결이 내 목을 간질이고, 아들은 아버지 등 위에서 자꾸만 고개를 들었다.

"저거 배야?"

"응, 배야."

아버지 등에 업힌 아들은 불어오는 바람을 그대로 맞으며 깔깔 웃었다. 몸집이 제법 커졌지만 남편은 한 번도 힘들다고 말하지 않았다.

숨이 가빠지면 숨소리만 조금 거칠어졌을 뿐, 어깨는 끝까지 단단했다.

밭일을 할 때도 아이들을 떼어놓지 못했다. 딸은 다시 내 등에 업히고, 아들은 곁에서 작은 손으로 흙을 팠다.

"아빠, 이거 뭐야?"

손바닥 위에서 꿈틀거리던 벌레를 가리켰다.

"지렁이야. 땅을 살찌우는 벌레야."

남편은 호미질을 멈추지 않았다. 허리를 굽힌 채 흙을 뒤집으면서도 아이의 질문에는 빠뜨리지 않고 대답했다. 그 대답을 들은 아들은 지렁이를 조심히 옆으로 옮겨놓고 다시 흙을 팠다.

바다에서 돌아오는 길, 남편은 빈손으로 들어오는 날이 거의 없었다. 주머니를 뒤져 조개껍데기 하나, 물가에서 주워 온 매끈한 돌멩이 하나를 꺼냈다.

"아빠가 바다에서 주워 온 보물이야."

아이들 눈이 먼저 반짝였다. 아들은 소라껍데기를 귀에 대고

"바닷소리 난다"

라고 했고, 딸은 손에 꼭 쥔 돌멩이를 마치 유리구슬

처럼 들여다보았다. 그렇게 모인 조개껍데기와 돌멩이들이 방 한쪽에, 대야 옆에 차곡차곡 쌓여갔다. 누가 치우자는 말도 하지 못했다. 손만 뻗으면 금방이라도 그때의 바람과 파도 소리가 한꺼번에 쏟아져 나올 것 같아서였다.

남편은 집안의 장손이었다. 애들 할아버지가 쉰 살에 얻은 늦둥이. 윗세대만 셋, 네 세대가 한 지붕 아래 모여 사는 집에서 늘 품에 안겨 있었다. 누가 먼저 밥을 먹는지, 누가 먼저 이불을 덮는지 그 집에서는 중요하지 않았다. 장손만 배부르면 되었다.

그래서인지 남편은 늘 느긋했다. 어디를 가든 한 박자 늦게 움직였다. 밥상 앞에서도, 일터로 나갈 때도, 급할 게 없는 사람처럼 천천히 몸을 일으켰다.

나는 남편과 달랐다. 살림도, 아이도, 일도 늘 시간이 뒤에서 쫓아왔다. 빨래를 거둬 들이고, 밥을 올리고, 버스를 맞추려면 발걸음이 시간을 앞질러야 했다.

요포마을 버스 정류장으로 가던 길이었다. 시골 버스는 한 번 놓치면 한참을 더 기다려야 했다. 바닷바람이 불어오는 길 끝에서 버스가 작은 점처럼 보였다.

"여보, 빨리!"

나는 바구니를 고쳐 들고 뛰기 시작했다. 먼지가 발뒤꿈치에 튀었다. 뒤돌아보니 남편은

미소를 머금은 얼굴로 천천히 걸어오고 있었다.

버스는 생각보다 빨리 다가왔다. 우리가 손을 뻗기 전에 운전기사는 고개를 한 번 돌려보고 문을 닫았다. 버스 뒤꽁무니에서 검은 연기가 일었다. 파란 차가 언덕을 넘어 사라질 때까지 나는 숨을 몰아쉬며 서 있었다.

"아이고, 놓쳤네. 괜찮아. 다음 타면 되지."

남편은 어깨를 한번 으쓱했다.

나는 버스 시간표를 떠올렸다. 집에 가면 해야 할 일들, 아이들 밥, 저녁 준비가 머릿속을 쉴 새 없이 오갔다. 그때의 나는 남편의 느긋함이 무책임해 보이기만 했다.

세월이 흐른 뒤에서야 고쳐지지 않는 천성이었다는

걸 알았다. 많은 사랑 속에서 자란 장손에게 세상은 늘 한 번 더 기회를 줬을 것이다.

언젠가 아이들을 보며 문득 웃음이 났다.

딸아이 걸음은 아버지를 닮았다. 준비물을 챙길 때도, 학교에 갈 채비를 할 때도 늘 한 번 더 생각하고, 한 번 더 머뭇거렸다. 아들은 나를 닮았다. 말을 할 때도 빠르고, 버스를 타러 나갈 때도 먼저 신발을 신고 뛰어나갔다.

"엄마, 빨리!"

어릴 적 내 목소리와 똑같았다.

장닭과 빈 통장

아들이 다섯 살쯤 되었을 때, 새벽이 다 돼서야 남편이 문을 열었다. 겨울바람이 같이 들어왔다. 외투에서는 담배 냄새랑 소주 냄새가 뒤섞여 났다.

"또 갔어?"

신발을 벗기도 전에 물었다.

"얼마나 잃었어."

남편이 코끝을 긁적였다.

"백이십만 원쯤."

그 돈이면 그때 시골살이 몇 달은 넉넉히 버틸 수 있었다. 쌀 한 포대, 애들 학용품, 전기세, 겨우내 입을 외

투까지. 머릿속에서 금액이 줄줄이 줄을 섰다. 가슴에서 뜨거운 응어리가 치밀어 올랐다.

'장닭 튀김이 먹고 싶다.'

허탈함과 분노가 한 번에 올라와 뭔가라도 씹어 삼키지 않으면 버틸 수 없을 것 같았다.

"여보. 비인장 가서 장닭 좀 사다 줘."

남편이 안방으로 들어가려던 발을 멈췄다. 남편이 눈을 깜빡였다.

"지금?"

"응. 지금."

그렇게 말하고 나니, 나도 내가 이해가 안 됐다. 그래도 말을 거둬들이지 않았다.

잠시 후 남편이 장에서 돌아왔다. 비닐봉지 안에서 작은 닭 한 마리가 힘없이 축 늘어져 있었다.

"삼천 원 안 깎아줘서 그냥 이거 샀어."

백이십만 원은 한밤중에 흘려보내고, 삼천 원은 아까워서 덜 자란 닭을 집어 들었다는 말이었다. 그 말까지

듣자, 피가 거꾸로 솟는 기분이었다.

손이 먼저 나갔다. 비닐봉지를 낚아채듯 잡고 화장실로 향했다. 낡은 전구 하나가 노랗게 매달려 있었다. 나는 문을 열고 그 안으로 닭을 휙 던졌다.

"다시 사 와."

닭이 바닥에 떨어지더니 날개가 벽에 부딪히는 소리가 탁탁 울렸다. 좁은 공간을 몇 번이나 빙글빙글 돌았다. 그 소리를 들으니 마치 내 가슴이 벽에 부딪히는 것 같았다. 남편은 말없이 내 얼굴을 한 번 보고 다시 장으로 향했다. 뒷모습에서 피곤함보다 어쩔 줄 몰라 하는 기색이 먼저 보였다.

잠시 후, 이번에는 제 크기만 한 장닭을 들고 돌아왔다.

"이거 사 왔어."

닭을 씻고, 염지를 하고, 기름을 달궜다. 끓는 기름에 닭이 들어가자 기름이 사방으로 튀었다. 옷에도, 팔꿈치에도 뜨거운 기름방울이 튀었다. 집 안에 고소한 냄새가 퍼졌다. 아이는 부엌 문턱에 서서 눈을 반짝였다.

"엄마, 맛있겠다."

나는 젓가락으로 닭을 뒤집었다. 기름이 튀어 팔에 닿았지만 아픈 줄도 잘 느껴지지 않았다. 첫입을 겨우 베어 물었을 때, 혀끝에는 기름 맛만 남았다. 가슴에는 빈자리만 더 크게 뻥 뚫리는 것 같았다.

그날을 계기로 놀음이 끝났으면 좋았을 텐데, 놀음판은 그 뒤로도 쉽게 접히지 않았다. 돈을 따왔다고 들어오는 날보다 "이번엔 좀 잃었어" 하며 고개를 숙이는 날이 더 많았다. 은행 통장을 펴면 잔고가 줄어드는 속도가 눈에 보였다. 조금씩, 조금씩 숫자들이 점점 작아졌다. 장닭 한 마리 값과는 비교도 안 되는 돈들이 놀음판에 찍힌 도장처럼 통장 안에서 사라져갔다.

남편과 다투는 날이 잦아졌다. 이유는 늘 같았다. 놀음이었다. 그 시절 시골 남자들 사이에서 화투판은 술 마시듯 흔한 일이었다. 마을 회관이나 포장마차 한켠에 둘러앉아 밤새 패를 맞추고 돈을 걸었다. 남편도 그 자리를 쉽게 끊지 못했다. 문을 열고 들어오는 소리만 들려도 입에서 얼마를 잃었는지, 분노 섞인 질타가 먼저 튀어나왔다.

"이번엔 조금만…"

남편은 신발도 벗기 전에 변명을 꺼냈다.

"조금이 얼마야!"

목소리가 점점 높아졌다.

몇 번 말을 주고받다 보면 언젠가부터는 말 대신 무언가가 날아갔다. 비싼 건 내 쪽에서 먼저 던졌다.

큰맘 먹고 산 접시나 유리그릇, 명절에 얻은 예쁜 찻잔 같은 것들. 탁자 끝에 놓인 그릇을 잡아 한 번에 바닥으로 내던지면 깨지는 소리가 방 안을 크게 울렸다.

"여보, 그건 비싼 거야!"

남편도 가만있지 않았다. 하지만 남편은 늘 깨지지 않을 것만 골라 던졌다. 양은 냄비, 나무 도마, 플라스틱 대야 같은 것들. 퍽, 툭, 벽에 부딪히고 바닥에 구르는 소리가 났다.

"알아! 그래서 던지는 거야!"

남편이 이를 악물고 말했다. 어차피 부서지는 그릇이나 놀음판에서 날아가는 돈이나 그게 그거라는 생각이 스쳤다. 하지만 막상 바닥에 널브러진 조각들을 보면 당장 내일 밥상에 올려야 할 반찬이 비쳐 보였다.

문틈 사이로 아이 얼굴이 보였다. 눈을 동그랗게 뜬 채 문고리를 겨우 잡고 서 있었다.

입은 울음을 참는 것처럼 꼭 다물려 있었다. 그제야 정신이 들었다.

"들어가 있어."

남편과 나는 한동안 말이 없었다. 싸움이 끝난 뒤의 집은 항상 이상하게도 더 조용했다. 라디오에서도 소리가 안 나는 것 같고 시계 초침 소리만 또렷했다. 나는 빗자루를 가져왔다. 남편은 쓰레받기를 들었다. 한쪽에서는 깨진 조각을 쓸어 담고, 다른 쪽에서는 흩어진 물을 닦았다. 허리를 굽힌 채 서로를 스치고만 지나갔다.

그날 밤, 잠은 오지 않았다. 천장을 보다가 눈을 감으면 방 한가운데 흩어지던 조각들이 다시 떠올랐다. 순가락이 그릇에 닿는 소리가 어제와 똑같이 났다.

남편의 병

1994년, 남편이 아프기 시작한 지 3년째 되던 해였다. 남편은 중환자실에 누워 있었다. 기계가 숨 대신 소리를 내주고 있었다. 창문은 닫혀 있었고 환기가 되지 않아 소독약 냄새가 코끝에 맴돌았다. 아이들은 일곱 살, 네 살. 나는 동네 친구에게 부탁했다.

"애들 잠깐만 봐줘. 금방 갔다 올게."

작은 손을 한 번씩 잡아보고,

"엄마 금방 올게. 말 잘 들어."

하고 집을 나섰다.

병원에 도착했을 때는 이미 오후였다. 중환자실 앞 의자에 앉아 남편의 이름이 적힌 차트만 멍하니 바라보고 있었다. 시간이 흐르는지, 밖에 해가 지는지도 잘 몰랐다. 그때 누군가 나를 찾는 전화가 병원으로 걸려 왔다. 동네 친구였다.

“애들이… 집에 없어.”

심장이 멎는 것 같았다.

“뭐라고? 방금 뭐라고 했어?”

“아까까진 있었는데, 지금은 없어. 아무리 찾아도 안 보여.”

피가 한순간에 가슴 위로 몰려왔다. 나는 복도를 서성이다가 전화를 돌렸다. 공중전화 수화기를 붙잡고 번호를 눌렀다. 경찰서, 이웃들, 교회 사람들… 받는 사람마다 같은 말을 반복했다.

“우리 애들 못 봤어요? 일곱 살, 네 살…”

수화기 끝에서 들려오는 “모른다”는 대답이 들렸다.

'제발, 무사하게 해주세요.'

기도 말고는 할 수 있는 일이 없었다. 눈앞이 캄캄했다. 얼마 뒤, 간호사가 다가왔다.

"일곱 살, 네 살 아이 엄마세요?"

가슴이 철렁 내려앉았다.

"네… 제 아이들인데요."

"응급실에 아이들이 와 있어요."

나는 뛰었다. 중환자실에서 응급실까지의 복도가 끝이 없었다. 신발 밑창이 바닥에 붙었다가 떨어지는 소리만 크게 들렸다. 문을 열자, 두 아이가 마주 보였다. 아들이 동생 손을 꼭 잡고 있었다. 먼지가 묻은 얼굴, 땀에 젖은 앞머리, 작은 손에는 굵은 땀방울이 맺혀 있었다.

"엄마!"

아이들이 동시에 외쳤다.

나는 두 아이를 끌어안았다. 작은 몸들이 팔 안으로 한꺼번에 밀려 들어왔다. 옷에서 먼지 냄새와 낡은 가죽 같은 냄새가 섞여 나왔다.

"어디 갔다 온 거야, 너희… 어디를 그렇게 다닌 거야."

아들이 숨을 고르며 말했다.

"엄마랑 왔던 길로 왔어요. 버스 기사님이 태워줬어요."

일곱 살 아이가 네 살 동생 손을 잡고 집에서 병원까지, 버스를 세 번 갈아타며 왔다. 엄마와 함께 다녔던 길을 기억해 둔 것이다. 나는 그 말을 듣고도 한동안 대답을 하지 못했다. 두 아이의 등을 번갈아 쓰다듬기만 했다. 손가락 끝에 느껴지는 심장 고동이 아직 가라앉지 않았다.

"배고파요."

"그래, 밥 먹으러 가자. 우리 밥 먹자."

타버린 교과서

아들이 초등학교 1학년이던 1995년 10월이었다. 남편의 병은 깊어졌고, 병원비는 끝이 없었다. 그해엔 한 학기 급식비를 내는 일도 큰 결심이 필요했다. 그 돈이 있으면 쌀을 더 살 수도 있었으니까. 그래도 봉투에 현금을 넣어 아들 가방 속 깊은 곳에 넣어주었다. 그때는 계좌이체도, 자동이체도 없었다. 학교에 내는 돈은 늘 흰 봉투에 넣어 아이 손에 쥐여 보냈다.

저녁 무렵, 아들이 가방을 메고 들어왔다. 먼지 묻은

운동화를 벗고 방으로 들어오는 모습이 언제나 같았다. 나는 제일 먼저 물었다.

"급식비 냈어?"

아들이 가방을 들춰 뒤졌다. 공책 사이를 허둥지둥 뒤적이더니 얼굴빛이 달아 올랐다.

"엄마… 없어요."

시계 초침만 움직이는 소리가 들렸다. 가방에 넣어둔 봉투가 사라졌다는 말을 남편과 나는 도저히 믿을 수 없었다. 길에서 잃어버렸을까, 누가 가져갔을까, 아니면 아이가 다른 데 쓴 걸까. 가난과 분노가 한데 뒤엉켰다.

"거짓말하지 마."

"정말이에요…"

나는 회초리를 들었다. 마당가에 세워 두었던, 원래는 말려두었던 감나무 가지였다.

"다시 생각해 봐. 어디다 썼어."

툭 치듯 시작한 손길이 곧 종아리를 내려치는 매질이 되었다. 하얀 다리에 줄무늬가 하나둘 생겼다. 아들의 울음이 점점 커졌다.

안방에 누워 있던 남편이 일어났다. 그는 말없이 안방으로 가더니 책가방에서 교과서를 한 움큼 꺼냈다.

"이런 아이는 공부해 봐야 소용없다."

교과서를 아궁이 속으로 던졌다. 나무 장작과 섞인 종이가 불길 사이로 들어갔다. 불은 훅, 하고 붙었다. 책장이 말리며 까맣게 오그라들었고, 그 끝은 붉게 번쩍거렸다. 검은 글자는 순식간에 불꽃으로 바뀌어 공중으로 사라졌다. 아들은 소리쳤다.

"정말 몰라요! 정말 몰라요!"

그 울음이 아궁이 불소리와 섞여 집 안을 채웠다. 태우는 종이 냄새가 겨울 연기 냄새보다 더 독하게 코를 찔렀다. 시간이 얼마나 흘렀는지 알 수 없었다. 세 시간 정도 매질을 했을 무렵, 아들은 문을 박차고 집을 뛰쳐나갔다. 문이 쾅 닫히고, 갑자기 집 안이 조용해졌다. 아궁이 속 불만 작은 소리를 내며 타고 있었다.

한참 뒤, 문이 조심스레 열렸다. 아들이 떨리는 어깨로 들어왔다. 눈가와 콧등이 얼룩져 있었다.

그날 밤, 아이는 엎드려 잠이 들었다. 나는 방 한쪽에 앉아 한참을 망설이다가 멘소래담 한 통을 꺼냈다. 그때 시골집에서 멍들거나 삐면 어른들이 늘 발라주던 약이었다. 손바닥에 하얀 연고를 짜서 아들의 붉은 종아리에 천천히 문질렀다. 손바닥이 닿을 때마다 아이의 작은 몸이 움찔했다.

급식비 봉투는 끝내 찾지 못했다. 누가 가져갔는지, 어디서 사라졌는지 지금도 모른다. 다만 아들이 거짓말을 한 건 아니라는 사실을 알고 있었다. 그날 아이에게 쏟아부은 분노는 모두 가난한 나에 대한 분노였다. 나와 남편은 아들의 다리에만이 아니라 마음에도 지워지지 않는 상처가 남았다.

그날의 불길과 매질을 떠올릴 때마다 아직도 속으로 말한다.

미안하다.

남은 것

남편이 건강하던 시절, 가난했지만, 통장에 돈이 마르지는 않았다. 남편은 봄이면 바다로 나갔다. 실치를 잡고, 주꾸미를 올리고, 배가 들어오면 마당에는 장화를 말렸다. 겨울엔 김 양식을 했다. 새벽 네 시에 일어나 장화를 신고 바다로 나갔다가, 해가 완전히 올라와서야 집으로 돌아왔다. 일은 거칠었지만, 돈은 꼬박꼬박 들어왔다.

월말이 되면 면사무소 옆 은행에 가서 통장을 찍었다.

기계가 찰칵찰칵 소리를 내며 숫자를 찍어줄 때마다 '그래도 이만하면 살겠다'는 생각이 들었다.

그러다 남편이 한 번 크게 쓰러졌다. 평소처럼 바다에 나갈 준비를 하다가 허리를 제대로 펴지 못하고 바닥에 주저앉았다. 입술이 하얗게 질렸다. 병원에 갔더니 의사가 말했다.

"당뇨가 심하고, 간도 많이 나빠졌습니다."

진단명은 당뇨와 간경화였다. 그날 이후로 집 안 공기는 달라졌다. 복수가 차오르면서 남편의 배는 점점 불어났다. 집 안 구석에는 주사기와 약봉지가 한 상자씩 쌓였다. 나는 간호사에게 배운 대로 손을 씻고, 알코올 솜으로 남편 배를 살살 문지른 뒤 숨을 들이쉬며 주삿바늘을 찔러 넣었다.

"아야."

남편이 짧게 신음하면

"금방 끝나, 조금만 참아."

라고 말하면서도 내 손이 더 떨렸다.

얼마 뒤 남편이 말했다.

“한 번 정도는 서울아산병원에서 치료받고 싶어.”

말끝이 조심스러웠다. 그 병원이 얼마나 멀고, 돈이 얼마나 드는지 우리 둘 다 알고 있었다. 나는 고개를 끄덕였다. 아산으로 가는 기차 안에서 창밖으로 산과 논이 빠르게 뒤로 밀려났다. 남편은 창가에 앉아 말이 없었다. 가끔 복부를 감싸 쥐고 눈을 감았다.

서울아산병원은 컸다. 큰 유리문이 있었고, 사람들이 북적거렸다. 아픈 사람부터 진료표 뭉치를 들고 다니는 의사들이 오갔다. 우리는 번호표를 뽑고, 종이 서류를 한 움큼 안고 진료실 앞 의자에 나란히 앉았다. 진료는 생각보다 오래 기다려야 했다. 진료가 끝날 때마다 수납 창구로 갔다. 하얀 영수증 위에 찍힌 숫자는 우리가 알고 있던 돈의 단위를 넘어서 있었다. 통장에 있던 수천만 원이 눈 녹듯 줄어들기 시작했다. 병원에 다녀올 때마다 나는 은행에 들렀다. 통장을 기계에 넣으면 검은 잉크로 찍힌 숫자들이 줄어드는 것이 눈에 보였다. 눈으로 확인하면서도, 뺄 수밖에 없었다. 몇 해가 흘렀다. 남편의 상태는 더 나빠졌다.

보령아산병원 중환자실에 남편은 눈을 감은 채 누워 있었다. 코에는 산소호흡기가 끼워져 있었고, 머리맡 기계는 초록색 선을 그리며 높낮이를 반복했다. 의사가 말했다.

"기도삽관을 하면 조금 더 연명할 수 있습니다."

말끝의 '조금'이 귀에 남았다. 남편 동생도 곁에서 조심스럽게 말을 꺼냈다.

"형수님, 기도삽관 하는 게 어떨까요? 조금이라도 더…"

나는 남편의 얼굴을 내려다보았다. 한때 햇볕에 그을려 까맣던 얼굴이 창백하게 말랐다. 바다에서 돌아와 밥을 먹던 얼굴이 아니라, 병원 불빛 아래 오래 묶여 있는 사람의 얼굴이었다.

3년 동안 병수발을 했다. 서울아산병원, 보령아산병원을 오가며 남은 돈을 다 썼다.

"더 이상은… 못 하겠어요."

내 목소리가 내 것이 아닌 것 같았다. 말을 잇지 못한 채 고개를 천천히 저었다. 가슴 안쪽이 짓이겨지는 느낌이 들었다. 누군가는 끝까지 붙잡는 것이 사랑이라고 말할지 모른다. 나는 붙잡을 힘도, 붙잡을 돈도, 붙잡을 시간도 어느 쪽도 남아 있지 않았다.

남편은 집으로 다시 돌아왔다.

하늘이 돕던 날들

1996년 가을이었다. 바람이 선선해지고, 논의 벼가 누렇게 익었다. 남편의 숨이 며칠째 가빠졌다. 숨을 들이쉴 때마다 가슴이 들썩였다.

"여보… 숨 쉬어봐. 여보."

귀에 대고 불러봤지만, 대답이 없었다. 눈을 뜨고 있던 남편의 시선이 한 점에 멈춰 있었다. 안방 천장만 바라보던 눈동자가 조금씩 힘을 잃어 갔다. 그렇게 남편은 집 안방에서 조용히 숨을 놓았다.

그 시절엔 장례식장이 흔치 않았다. 사람들은 집에서 장례를 치렀다. 소식이 퍼지자마자 여성교회 사람들부터 달려왔다.

"어떻게 이런 일이… 우리가 도와드릴게요."

누군가는 부엌으로, 누군가는 마당으로 흩어졌다. 마당에는 긴 대를 세우고 차일을 쳤다. 흰 천이 팽팽하게 묶였다. 그늘을 만들고 손님을 받았다. 안방에는 향을 피웠다. 가느다란 연기가 피어올랐다. 방 안 공기는 향 냄새와 사람들 체온으로 온도가 올라갔다.

밤이 되자 남자들은 상주 곁을 지켰다. 여성교회 사람들은 부엌에서 밥을 했다. 커다란 가마솥에 쌀을 붓고 주걱으로 휘젓는 소리가 마당까지 들렸다. 밥 짓는 김이 차일 속으로 번져 들어왔다. 누군가는 내 어깨를 토닥였다.

"애들 생각만 해요. 애들 생각하면서 버텨요."

낯익은 손, 낯선 손이 번갈아 등이 닿았다. 그 손길 덕에 울음이 목구멍까지 올라왔다 다시 안으로 삼켜졌다.

이틀 동안 집에는 발길이 끊이지 않았다. 사람들이 문턱을 넘었다 나갔다. 신발이 마룻바닥 가득 줄을 섰다.

3일째 아침, 발인 날이 되었다. 상여를 메는 사람들이 마당으로 들어왔다. 흰 천으로 덮인 상여가 어깨 위로 올라갔다.

"에헤라, 에헤라."

길게 뻗은 소리가 논둑 사이를 타고 퍼졌다. 아이들과 나는 상여 앞에 섰다. 아들은 상복이 어깨에 조금 컸고, 딸은 허리춤을 여러 번 접어 매야 했다. 한 걸음씩 발을 떼었다. 남편이 늘 오가던 동네길, 바다에서 돌아오며 장화를 끌던 그 길을 마지막으로 걸어 나갔다.

하늘은 맑았다. 구름 한 점 없이 파랬다. 그날은 분명, 하늘이 돕던 날이었다. 남편의 마지막 길은 온 마을이 함께했으니까. 다만 돌아오는 길은 나와 두 아이만 손을 잡고 왔다.

CHAPTER 2

혼자 남은 밤

아이들은 탈이 날 만큼 울다가 힘이 빠져 방구석에서 잠이 들었다. 코끝이 빨갛게 부은 얼굴로 서로의 팔을 베고 엎어져 있었다. 나는 남편이 누워 있던 자리에 앉았다. 며칠 전까지 남편의 몸이 놓여 있던 자리였다. 이제는 얇은 요 하나만 깔려 있었다. 손바닥을 대보니 아직도 체온이 남아 있는 것 같았다.

시계 초침이 째깍거리는 소리가 방 안을 천천히 돌았다. 그 소리를 들으며 생각했다.

'이제 어떻게 살아가지. 아이 둘, 무너진 집, 통장엔 25만 원. 내일 아침 쌀독을 열면 밥은 몇 그릇이나 더 나올까? 전기세는 언제까지 미뤄둘 수 있을까? 아들 교육비, 딸 준비물, 버스비….'

생각은 줄줄이 딸려 나왔다. 한 가지를 붙잡으면 다른 걱정이 꼬리를 물었다. 남편이 있을 땐 몰랐다. 돈 버는 사람이 없다는 게 어떤 일인지. 도박을 하기는 했지만, 바다에 나갔다 오면 젖은 작업복에서 비린내가 올라왔고, 주머니 어딘가에서는 구겨진 지폐가 나왔다.

"이번 달도 어떻게든 되겠지."

우리는 그렇게 말했고, 정말로 어떻게든 되곤 했다. 이제는 그 '어떻게든'이 사라졌다. 밥상 위에 앉아 숫자를 세는 사람도, 가끔 놀음판에서라도 돈을 따오던 사람도 없었다. 잠은 오지 않았다. 눈을 감으면 남편 얼굴이 이어서 떠올랐다. 아기를 안고 웃던 젊은 얼굴, 바다에서 돌아와 밥상 앞에서 고개를 떨구던 피곤한 얼굴, 병원 침대에 누워 숨을 고르던 창백한 얼굴, 모든 얼굴이 이

방 안에 겹쳐져 있는 것 같았다.

"애들 아빠, 나 어떻게 해…"

대답 대신 시계초가 한 번 더 째깍 울렸다. 바깥에서는 멀리 개 짖는 소리가 한번 들렸다가 사라졌다. 아이들이 깰까 봐 소리를 삼키며 두 손으로 얼굴을 가렸다. 창밖이 조금씩 열어지기 시작할 무렵, 닭 우는 소리가 멀리서 들려왔다.

25만 원

냉장고 문을 열었다. 문짝 고무 패킹이 헐거워 삐걱 소리가 났다. 냉기가 얼굴을 스쳤다. 안에는 김치 한 통, 된장 한 통, 고추장 한 통이 남았고, 생선도, 고기도 없었다. 이웃 할머니가 건네준 나물 봉지 두 개가 구석에 던져져 있었다. 봄마다 산에 올라가 묶음으로 뜯어 와 삶아 말렸다가 나눠주던 나물이다. 냉장고를 연 채로 한참 안을 들여다보았다.

'이걸로 일주일은 버티겠지. 그다음에는 뭘 먹이지.'

식탁 위 통장을 펼쳤다. 잔고 250,000.

손바닥만 한 메모지를 꺼냈다. 볼펜을 쥔 손가락에 힘을 줬다. 한 달 생활비를 계산했다.

쌀 10kg, 30,000원.

전기세, 20,000원.

아들 급식비, 50,000원.

딸 준비물, 20,000원.

학교까지 오가는 버스비, 30,000원.

끝에 합계를 써보니 벌써 150,000원이 훌쩍 넘었다. 남은 돈 100,000원으로 한 달을 살아야 했다. 펜 끝이 종이를 파고들었다. 숨이 가라앉지 않았다. 덧셈을 몇 번이나 다시 했다. 숫자는 움직이지 않았다. 통장을 덮고 한참을 앉아 있었다.

남편이 있을 때는 돈이 모자라면 바다로 나갔다. 김 양식철이면 밤새 김을 말리고, 비가 와도 그물은 바다에 나가 있었다. 통장에 넣을 돈이 생기면 둘이서 안심하던 때가 있었다. 갈 데가 없었다. 통장에 적힌 몇 숫자, 집

한 채와 아이 둘.

'그래도 해야지.

이 돈을 붙들고 버텨야지.'

아이들이 잠든 밤, 부엌 불을 껐다. 어둠 속에 서서 창문 밖을 바라봤다. '남편이 살아 있었다면 어땠을까. 그래도 결국 나와 같이 이 돈을 쪼개 썼겠지.' 생각이 거기까지 닿자 더 물을 사람이 없다는 걸 알았다.

'나밖에 없다.'

다음 날, 알람도 없이 눈이 떠졌다. 아직 해가 들어오지 않은 새벽이었다. 밥을 지어 아이들을 깨웠다. 김치에 국 한 그릇을 얹어 허전하지 않게 상을 꾸몄다.

"엄마, 오늘 반찬 뭐야?"

"김치가 제일 맛있지."

아이들이 학교를 향해 나가는 등을 보냈다. 책가방이 몸보다 더 커 보였다. 문이 닫히자 집 안이 조용해졌다. 긴 숨을 내쉬고 겉옷을 걸쳤다. 동네를 돌기 시작했다. 김공장, 바지락 작업장, 밭. 여자들이 하루 품을 팔던 곳들이었다. 문마다 두드렸다.

"일 시켜주실 수 없나요?"

"지금은 일손이 많아서요."

"다음에 연락드릴게요."

대답은 비슷했다. 웃으며 말했지만 그 뒤에 더 이어지는 말은 없었다. 문을 닫는 소리를 뒤로 두고 다음 집으로 걸어갔다. 새우 껍질 까는 일도 좋고, 그물 꿰매는 일도 좋았다. 밭에 나가 풀을 매도, 남의 집 마당을 쓸어도 상관없었다. 어떤 일이든 해야겠지만, 발은 점점 무거워졌다. 열 군데를 알아보고 집으로 돌아올 즈음 고무신 안에서 발등이 부어올라 살을 누른 양말 자국이 있었다. 해가 논둑 위로 기울 무렵, 주머니 속 오래된 휴대전화가 울렸다.

"내일 새벽부터 김공장 나오세요."

짧은 한마디였다. 바다 냄새가 스며 있는 마른 김을 종일 골라내야 했다. 손이 검게 물들고 허리가 휘는 일이라는 걸 알고 있었다. 그런데 눈앞이 따뜻해졌다. 눈물이 먼저 났다.

자고 있는 아이들 이불을 만져봤다.

'내일부터는 엄마가 새벽에 집을 나간다. 그래도 너희 밥은 꼭 차려놓고 갈게.'

작은 집

우리 집은 작았다. 방 한 개, 부엌 하나, 마루 하나, 창고 하나, 집 밖에 오래된 화장실 하나. 안방은 내가 아이들과 함께 자는 방이었다. 벽지는 오래돼 가장자리부터 말려 올라갔다. 밤에 불을 끄면, 벽 틈으로 들어온 바람이 종이벽을 살짝 들썩였다. 부엌 끝에는 아궁이가 하나 있었다. 장작을 넣고 불을 지피면, 돌로 둘러싼 아궁이 입구에서 붉은 불꽃이 올라왔다. 그 불이 방바닥 아래로 지나가 안방까지 데워줬다. 지금 아파트 보일러 대신, 그땐 대부분 시골집이 이렇게 불을 데웠다.

마루는 집과 마당 사이에 놓인 나무 바닥이었다. 문을 열면 먼저 햇살이 마루 위로 들어왔다. 나무판 사이로 흙먼지가 올라오고, 발뒤꿈치에 거친 결이 느껴졌다. 아이들은 마루에서 고무줄놀이를 하고, 나는 그 옆에서 채반에 나물을 널어두었다.

창문에는 알루미늄 창틀이 삐걱거리며 달려 있었다. 창틀이 낡아 겨울바람이 그대로 스며들었다. 바람이 심한 날이면, 신문지를 구겨 틈마다 눌러 넣었다. 종이 사이로 잉크 냄새가 올라왔고, 그 냄새가 겨울 공기와 섞였다.

그래도 우리 집은 지대가 조금 높아서, 대문 앞에 서면 멀리 바다가 보였다. 해가 지는 저녁이면, 서해 쪽 하늘이 주황빛으로 물들었다. 부엌에서 밥을 하다가도 문 밖으로 나와 잠깐 그 빛을 보고 들어가곤 했다.

달이 울던 밤

안방 아랫목에 앉아 한참을 있었다. '그래도 여기가 우리 집이지.' 아이들이 방바닥을 구르며 놀던 소리, 남편이 헛기침을 하며 웃던 목소리가 벽에 아직 붙어 있는 것 같았다. 그래도 집이 좋았다.

밤이 되면 겁이 났다. 문틈으로 바람이 스며들어 집이 통째로 들썩이는 것 같았다.

잠이 오지 않을 때면 대문이 제대로 닫혔는지 몇 번이고 확인했다. 그래도 아침이면 빗자루부터 찾았다. 먼지를 털고, 바닥을 닦았다. 집이 무너지면 우리도 같이 무너질 것 같아서 몸이 부서져도 마루부터 쓸었다.

아이들이 학교에서 돌아오면 "엄마, 집이 더 깨끗해졌네." 그 말 한마디에 어깨 힘이 조금 풀렸다. 손에 쥔 건 아무것도 없었지만, 깨끗한 집 하나만큼은 지키고 싶었다. 이 집을 구성하는 것은 남편과 함께 버텨온 세월이었고, 앞으로도 아이들과 버텨야 할 자리였다.

남편이 떠난 그해 겨울, 빚 독촉이 시작되었다. 전화벨이 울릴 때마다 가슴이 내려앉았다. 밤이 깊어도 눈이 감기지 않았다. 어느 날, 대문을 쾅쾅 두드리는 소리에 아들이 먼저 뛰어나갔다. 잠시 후, 떨리는 목소리가 들렸다.

"엄마, 어떤 무서운 아저씨들이 엄마 찾는데…"

남편 이름으로 된 작은 밭이 하나 있었다. 백 평쯤 되는 밭. 남편이 살아 있을 때 둘이 허리를 굽혀 풀을 매던 곳이었다. 그 밭을 담보로 돈을 빌려 사채를 막았다. 밭을 팔려고 도장 찍는 손끝이 한동안 떨렸다.

그날 밤, 창문 밖 달빛은 유난히 흰색이었다. 눈을 감아도 눈꺼풀 안으로 빛이 스며들었다.

실치, 새우, 김

남편이 떠난 뒤, 일부터 구해, 아침부터 실치 작업장으로 갔다. 실치는 봄에 잡는 잘 보이지도 않는 멸치 새끼였다. 양동이에 가득 담긴 실치 속에서 죽은 것, 상한 것을 골라내 상자에 담았다. 손가락 끝이 계속 물에 잠겨 있어 금세 쭈글쭈글해졌다.

점심때가 되면 새우 손질하는 곳으로 옮겨 갔다. 머리를 비틀어 떼고, 내장을 빼고, 물에 헹궜다. 새우 가시에 찔릴 때마다 손끝이 욱신거렸다. 저녁 무렵이면 손이 부어서 주먹이 잘 쥐어지지 않았다.

오후에는 그물 추리기 일을 했다. 바다에서 찢어져 올라온 그물을 무릎 위에 올려놓고 한 코 한 코 꿰맸다. 납추를 다시 달다 보면 허리가 뻐근해졌다. 일어나려면 두 손으로 허리를 짚고 천천히 몸을 세워야 했다.

해가 지면 동네 식당으로 갔다. 설거지통에는 그날 사람들이 먹고 간 그릇이 산처럼 쌓여 있었다. 그릇을 닦고, 바닥을 쓸고, 주문이 들어오면 심부름도 했다. 식당 문을 닫으면 밤 10시가 넘었다.

그때부터는 김공장으로 갔다. 겨울 바다에서 올라온 김을 말려 포장하는 곳이었다. 김의 구멍을 일일이 살펴 찢어진 것은 골라내고, 정상인 김만 포장지에 넣어 상자에 채웠다. 잠깐이라도 앉으면 그대로 쓰러질 것 같아 새벽까지 줄곧 서서 일했다.

집에 돌아오면 새벽 6시였다. 이불 위에 몸을 던지면 한 시간쯤 눈이 감겼다. 기상 시간이 아니라 그냥 몸이 더는 못 버티겠다며 잠깐 꺼지는 느낌에 가까웠다. 일곱 시가 되기 전에 억지로 몸을 일으켰다. 밥을 하고, 국을 끓이고, 도시락을 쌌다. 아이들이 눈을 비비며 부엌으로 나오면 나는 마치 밤새 잘 잔 사람처럼 웃으며 말했다.

"얼른 먹고 학교 가야지."

어느 날 저녁, 식당에서 설거지를 하다 그만 졸고 말았다. 손에서 힘이 빠지면서 그릇이 기울었다. 수도꼭지에서 나온 물이 넘쳐 싱크대를 타고 바닥까지 흘렀다. 발밑이 미끈해졌다. '이게 사람 사는 건가.' 한숨이 나왔지만 그래도 일손을 멈출 수 없었다. 이 일당으로 아이들 급식비를 내야 했다.

그날 집으로 돌아오는 길에 생각했다. '도망가고 싶다. 어디든, 멀리 가고 싶다.' 그 마음이 하루에도 몇 번씩 떠올랐다. 그러던 어느 날 저녁, 밥상을 차려놓고 아이들 앞에 앉아 있다가 참았던 말이 터져 나왔다.

"엄마… 도망가고 싶어. 어디든, 멀리 가버리고 싶다."

말이 입 밖으로 나온 순간 정신이 번쩍 들었다. 아이들이 나를 바라보고 있었다. 큰 눈이 동그래졌다. '내가 지금 무슨 말을 한 거지.' 나는 아이들을 끌어안았다.

"미안해. 엄마가 잘못 말했어. 안 가. 엄마는 안 가. 절대 안 가."

아이들 눈에 눈물이 그렁그렁 맺혔다. 눈물이 떨어져 밥상 위에 동그란 자국을 남겼다. 그날 밤, 나는 좀처럼 잠들지 못했다. 귀에서 내 목소리가 계속 맴돌았다. 한 달쯤 지났을 때였다. 이웃 할머니가 슬며시 말을 꺼냈다.

"아들이 요즘 좀 이상해."

"왜요?"

"매일 오후만 되면 마당에 나가서 혼자 소리치더라고."

"뭐라고요?"

할머니가 내 말을 따라 했다.

"엄마, 도망가지 마. 엄마, 도망가지 마."

숨이 멎는 것 같았다.

집에 돌아와 아들을 불렀다.

"아들아, 마당에서 뭐라고 했어?"

아들은 고개를 숙였다.

"아무 말도 안 했어요."

나는 더 묻지 못했다. 그저 아이를 꼭 끌어안았다.

"엄마는 안 가. 어디도 안 가."

아들은 내 품에서 훌쩍였다. 얇은 어깨가 작게 흔들렸다. 그날 이후로 나는 '도망가고 싶다'는 말을 다시는 꺼내지 않았다. 저녁이 되어도, 새벽길을 걸을 때도, 입술 끝까지 올라오는 말을 속으로만 꾹 눌러 삼켰다.

작은 기쁨

어느 날 친정 오빠들에게서 전화가 왔다.

"희야, 잘 지내고 있나?"

"응, 오빠. 그럭저럭."

"영세민 자격 꼭 지켜라. 그거라도 있어야 혜택을 받지."

그 시절 시골에서 '영세민'은 지금의 기초생활수급자 같은 말이었다. 쌀값을 깎아주고, 병원비도 조금 보태주는, 가난한 집이 마지막으로 붙잡을 수 있는 끈이었다.

"일자리 구해도 정식 직장 말고 일용직으로만 해라. 정규직 되면 영세민 자격 날아간다."

그리고 한마디를 덧붙였다.

"영세민이 시원찮은 서방보다 낫다."

웃음이 나올 말이었지만, 그때는 웃지 못했다. 내가 벌어야 했고, 아이 둘을 먹여야 했다.

마침 동네 초등학교에서 공무직 조리사를 뽑는다는 소식이 들렸다. 급여는 적지 않았고, 방학에도 나오는 안정된 자리였다. 시험에 응시했고, 합격을 했다. 교실에서 아이들 우르르 내려오는 소리, 커다란 솥에서 김이 오르는 모습이 마음에 들었다. 하지만 오래 다니지 못했다. 영세민 자격을 잃으면 쌀값 지원도, 의료비도 끊겼다. 당장 월급은 나왔지만, 오히려 수입이 줄어 살 수가 없었다. 며칠 동안 밤을 새워 계산기를 두드렸다. 결국 사표를 냈다.

직장을 그만두고 다시 일용직으로 돌아갔다. 대신 다른 길을 찾기로 했다. 그 무렵 나는 면사무소에 자주 드나들었다. 동네 사람들 호적정리도 하고, 복지 신청도 하는 곳 주민센터 같은 곳이었다. 점심시간이 조금 지난 한가한 때를 골라 들어갔다. 복도 끝 긴 의자에 앉아 종이컵 커피를 홀짝였다.

"아이고, 우리 집 지붕에 물이 새요. 비만 오면 방 안이 마치 논바닥이에요."

직원들이 고개를 들었다.

"그래요? 그건 좀 심하네."

"혹시 지원 사업 같은 거 없을까요? 밤마다 양푼으로 물을 받아요."

"한번 알아볼게요."

그날만 그런 건 아니었다. 볼일이 없어도 면사무소에 갔다. 커피를 한 잔 얻어 마시며 비가 새는 지붕 이야기를 조금씩 꺼냈다.

"겨울엔 찬바람이 지붕 틈으로 들어와서 아이들 이불이 늘 축축해요."

몇 달을 그렇게 다녔다. 내 사정을 가장 잘 아는 곳이 이제는 교회도 친정도 아니라 면사무소라는 생각이 들었다. 어느 날 전화가 왔다.

"지붕 정비 사업 대상자로 선정됐어요."

받자마자 다리가 풀렸다.

"정말요?"

"네. 이장님도 모르게 넣었어요. 비밀로 하세요."

다음 주, 집 앞에 트럭이 섰다. 낡은 슬레이트 지붕이 하나씩 뜯겨 나갔다. 햇빛이 방안까지 그대로 떨어졌다. 빈 하늘이 그대로 보였다. 새 지붕을 얹고, 빗물이 흘러내리도록 경사를 다시 맞췄다. 하루 만에 공사가 끝났다.

"이제 비 와도 괜찮겠네요."

작업자들이 트럭에 오르려 할 때 몇 번이고 허리를 숙였다.

'이제 양푼은 치워도 되겠구나.'

그 기쁨이 오래가진 못했다. 며칠 뒤, 큰바람이 불었다. 밤새 바람이 지붕을 잡아 뜯는 소리가 났다. 아침에 나가 보니 새로 올린 지붕 한쪽이 들려 있었다. 다시 면 사무소로 갔다.

"저기… 지붕이 또 날아갔어요."

직원들이 난감한 얼굴을 했다.

"공사한 지 얼마 안 됐는데…"

그래도 다시 연락을 넣어주었다. 며칠 후 작업자들이 또 찾아왔다. 이번에는 내가 먼저 미안하다고 말했다.

"제가 지붕 운이 없는가 봐요. 수고하시는 김에 이거라도 드세요."

마트에서 사 온 맥주와 아이스크림을 내밀었다. 일 시킨 주제에 뭔가라도 건네고 싶었다. 공사가 거의 끝나갈 무렵, 나는 망설이다가 말을 꺼냈다.

"저기… 부탁 하나만 더 드려도 될까요?"

"뭔데요?"

"저 창문 위쪽 판을 끝까지 자르지 말아 주세요. 절단하면 빗물이 그대로 들이쳐요."

작업자가 도면을 보며 고개를 갸웃했다.

"원래 규정은 이렇게 자르는 건데…"

"압니다. 그래도 한 번만, 우리 집만 이렇게 해주시면 안 될까요?"

잠시 고민하던 작업자가 웃으며 말했다.

"그럼 여기까지만 자를게요. 대신 우리도 오늘 일 끝난 걸로 합시다."

톱질을 하지 않아 지붕 모서리가 남았다. 그날 저녁 나는 새로 달라진 처마를 몇 번이고 올려다봤다. 첫 비가 왔을 때 습관대로 양푼을 찾다가 멈췄다. 천장에서 떨어지는 물소리가 없었다. 방 안은 고요했고, 빗소리는 지붕 위에서만 났다.

뼈

동네 사람들은 여전히 수군거렸다.

"저 여자 언제 도망갈까."

"아이들 두고 어디 갈 거야."

"혼자 어떻게 키워. 고생문이야."

90년대 시골에서 남편 잃은 여자는 이름보다 '과부'라는 말로 더 많이 불렸다. 그런 말들 사이에서 나는 그냥 고개를 숙이고 일터로 갔다. 하루라도 덜 벌면 아이들 밥상에서 반찬 한 가지가 사라졌다. 문득 이런 생각이 들었다. '다시 결혼하면 좀 나아질까.' 다음 날, 아들에게 조심스럽게 물었다.

"엄마가… 재혼하면 어떨까?"

아들이 내 눈을 똑바로 바라봤다.

"엄마 재혼하면, 나 집 나갈 거야."

"왜."

"싫어. 다른 아빠 싫어."

목소리는 작았지만 말끝이 흔들리지 않았다. 그 얼굴을 보는 순간 내 마음이 먼저 접혔다. 더 묻지 않았다. 그날로 재혼 생각을 접었다. 아이들 곁에 남는 쪽을 택했다. 얼마 뒤 딸이 발레를 배우고 싶다고 했다.

"엄마, 나도 발레 배우고 싶어. 친구들 다 배워."

"발레?"

"응. 발레복 예쁘더라."

동네 학원에 들러 가격을 물었다. 발레복까지 해서 35만 원. 그달 월급은 25만 원. 한 달 벌어 한 달 살아가는 집에서 35만 원은 꿈 같은 돈이었다. 그래도 사줬다. 김공장에서 번 돈과 식당에서 받은 일당을 조금씩 모으고, 친척에게 조금 빌렸다. 통장 숫자는 더 빠르게 줄었지만, 딸은 발레복을 품에 안고 빙글빙글 돌았다.

"엄마, 고마워!"

거울 앞에서 발끝을 모으고 팔을 들어 올리던 딸의 어깨가 처음으로 가벼워 보였다. 그 모습을 본 것만으로도 한동안 버틸 힘이 생겼다. 어느 월급날 저녁, 일을 마치고 집으로 돌아가는 길에 페리카나 치킨집 앞을 지났다. 유리문 안 노란 조명이 튀김 반죽 위로 번졌다. 치킨 냄새가 골목으로 흘러 나왔다. '애들한테 치킨 한 번은 사줘야지.'

"치킨 한 마리 포장해주세요."

기름 냄새가 밴 봉투를 들고 집 문을 열었다.

"애들아, 엄마 왔다."

"엄마! 뭐 사 왔어?"

"치킨."

아이들이 상 앞으로 몰려왔다. 종이봉투를 펼치자 김

이 피어올랐다. 바삭한 껍질이 반짝거렸다.

"와, 진짜 치킨이다!"

아이들은 숨 쉴 틈도 없이 살을 뜯어 먹었다. 뜨거운 살을 후후 식혀 입안에 넣고, 양념이 묻은 손가락을 빨아가며 웃었다. 나는 그 앞에서 조용히 뼈를 골라냈다. 조금씩 남은 살, 연골이 붙은 뼈를 따로 모았다. 아들이 물었다.

"엄마는 왜 살 안 먹고 뼈만 먹어?"

"응?"

"엄마는 치킨 살 안 먹어?"

나는 일부러 대수롭지 않은 듯 웃었다.

"엄마는 뼈가 제일 맛있더라."

"정말?"

"그럼. 뼈에 양념이 더 많이 묻어 있어서 더 맛있어."

아들은 고개를 끄덕이고 다시 닭다리를 잡았다. 나는 손에 잡힌 뼈를 천천히 씹었다. 바삭한 소리 사이로 아이들 웃음이 섞였다. 어느 순간부터는 나도 정말 뼈 맛이 좋다고 믿게 되었다.

어느 날, 아들이 학교에서 돌아와 물었다.

“엄마, 직업이 뭐야?”

“왜?”

“학교에서 부모님 직업 적으래.”

잠시 말문이 막혔다. 실치를 고르고, 새우 머리를 따고, 그물을 꿰매고, 식당에서 설거지하고, 밤마다 김공장에 서 있던 날들. 하루 쓰고 하루 품삯 받는, 이름 없는 일들이 떠올랐다.

“그냥… 일용직이라고 적어.”

“일용직?”

“응. 하루하루 일 나가서 품삯 받는 사람이라는 뜻이야.”

아들은 공책을 꺼내 ‘일용직’이라는 세 글자를 또박또박 적었다. 연필 끝이 종이를 누르는 소리가 이상하게 크게 들렸다. 그 글씨를 보는 순간 숨을 한 번 내 쉬었다. 세상 어디에도 기대지 못하던 시간이 한 줄짜리 글씨로

정리되는 것 같았다.

이 또한 지나갈 것이라

나는 원래 성질이 급했다. 말이 마음보다 먼저 튀어나갔다. 속이 답답하면 목소리가 커졌고, 손은 허공을 휘둘렀다. 젊었을 때는 그게 내 성격이라고 생각했다. 화를 내고 나면 머리가 시원했다. 누군가 상처받았을 거라는 생각은 나중에야 뒤늦게 찾아왔다.

남편을 보내던 날, 상여 뒤를 따라 걷던 아이들 발이 작게 떨리고 있었다. 이제 이 아이들에게 남은 어른은 나 하나뿐이었다. 그때부터 화가 목구멍까지 차올라도 입술을 꼭 깨물었다. 숨을 길게 들이마시고 눈을 한 번 감았다 뜨면, 말은 다른 모양으로 나왔다.

"괜찮아. 다음에 잘해 보자."

하지만 사람이 갑자기 변하진 않았다. 쌓아 두었던 말이 한 번씩 터졌다. 식탁 위 그릇이 덜컥거릴 만큼 목소리가 올라갔다. 아이들 눈이 동그래졌다가 금세 아래로 떨궜다. 그 표정을 보는 순간 내 안에서 먼저 주저앉는 건 언제나 나였다. 그날 밤이면 불 꺼진 방에 들어가 자고 있는 아이들 발끝을 만졌다. 따뜻한 발을 손으로 감싸 쥐고 작게 중얼거렸다.

"엄마가 미안하다. 이것도 곧 지나갈 거야."

아들도 나를 닮았다. 뭔가 마음에 안 들면 얼굴이 금세 굳는다. 눈썹이 올라가고, 말이 뾰족해진다. 예전 같으면 "너도 엄마 닮아서 그렇다."며 대수롭지 않게 넘겼을 것이다. 이제는 다르게 보인다. 아이의 성질 속에서 내 지난날이 보였다. 그래서 더 조심하게 된다. 살아오며 하나 배운 게 있다. 고난이 깊어질수록 참을 수 있는 시간도 조금씩 늘어난다. 처음 남편을 보내고 나서는 하루도 견디기 힘들었다. 아침마다 “오늘만 넘기자” 하고 이를 악물었다. 일 년이 지나자 한 계절쯤은 버틸 수 있게 됐다. 두 해가 지나자 참는 일이 숨 쉬는 일처럼 당연해졌다.

어느 날 문득 깨달았다. 참는다는 건 그냥 아무 말도 안 하고 버티는 게 아니었다. 지금 내 앞의 일을 내가 감당할 수 있다고 믿는 마음, 그 마음을 잃지 않는 일이었다. 그래서 화가 치밀어 오를 때마다 나는 속으로 한마디를 꺼낸다.

‘이 또한 지나가리라.’

그 말을 삼키고 나면 손에 쥐고 있던 컵의 금도 그저 오래 쓴 흔적으로 보인다. 금이 갔다고 버리는 대신, 조심히 씻어 다시 선반에 올려둔다.

버텨야 하는 이유

명절이 다가오면 마음이 무거워졌다. 시댁 식구들이 내려오는 날이면, 집안일은 며느리 몫이었다. 남편 동생네 식구가 온다고 하면 며칠 전부터 장을 봤다. 시장 골목마다 전 부치는 냄새가 났다. 무, 배추, 생선, 고기, 과일을 바구니에 담아 들고 버스를 타고 집으로 돌아왔다. 집에 도착하면 방부터 치웠다. 이부자리를 털고, 마루를 닦고, 부엌을 정리했다. 온몸이 쑤셨지만 손을 멈출 수 없었다. 손님들이 도착하면 나는 앞치마 끈을 한 번 더 조여 묶었다.

"형수님, 음식이 정말 맛있네요."

그 말에 허리가 끊어질 것 같으면서도 미소를 지었다. 아이들도 옆에서 따라 웃었다.

기름 냄새와 사람들 숨소리로 부엌의 열기는 높아졌다. 전과 튀김이 접시마다 산처럼 쌓였다. 힘든 기색을 내비치지 않으려고 애썼다. 괜찮은 척, 계속 웃었다.

손님들이 떠나고 나면 집 안이 금세 조용해졌다. 식탁 위에는 식은 전 몇 조각과 기름이 식어 굳어버린 팬만 남았다. 그때야 비로소 허리가 굽어올 만큼 아팠다. 하루 종일 구부리고 서 있던 몸이 더는 말을 듣지 않았다. 밤이 되면 식은 솥처럼 몸이 굳었다. 그래도 이불을 펴고 누우면 '버텼다'는 생각이 먼저 들었다.

그날도, 명절이 끝난 날의 새벽이었다. 잠결에 몸이 차가워 깼다. 이불이 축축했다. 무슨 일인지 몰라 한동안 멍하니 앉아 있었다.

'내가… 이불에?'

숨이 턱 막혔다. 아이들이 깨기 전에 재빨리 이불을 걷었다. 수도꼭지를 살짝 틀었다. 물소리가 방까지 들릴까 봐 손으로 콕콕 막으며 천천히 물을 받았다. 찬물에 손을 넣고 이불을 빨았다. 손이 얼얼하게 시렸지만 계속 비볐다. 눈물이 방울방울 떨어져 물에 섞였다. 몸이 너무 지쳐서 그렇다는 사실을 알았다. 그래도 멈출 수 없었다. 아이들이 알면 안 됐다. 아이들에게 보이기 싫었다. 해가 뜨기 전, 마당에 나가 이불을 널었다. '오늘은 햇빛이 좋아서 널었다'는 듯 괜히 탁탁 털어 올렸다. 그날 오후, 아들이 물었다.

"엄마, 왜 이불 빨았어요?"

"햇빛이 좋아서."

이불은 바람에 펄럭였다. 부끄러움이 함께 펄럭이는 것 같았다. 그날 이후 잠자리에 들기 전엔 물 한 모금도 조심히 마셨다. 밤중에도 한 번은 꼭 일어나 몸 상태를 살폈다.

그래도 살 방법은 있다

마트 주인이 불렀다.

"어머니, 이거 가져가실래요?"

동네 마트였다. 주민들 얼굴을 다 아는 가게. 유통기한이 지난 물건은 버리기보다, 형편 아는 집에 슬쩍 건네주던 그런 곳이었다. 박스 안을 들여다봤다. 오뎅, 맛살, 라면, 과자. 포장지 끝에 작게 인쇄된 숫자가 눈에 들어왔다. 며칠 전에 지나간 날짜였다.

"유통기한 지난 거예요. 가져가세요."

손이 식어 갔다. 얼굴이 화끈거렸다. 마트 안에는 아무도 없었는데도 누가 보는 것 같았다. 고개를 숙이고 말했다.

"…감사합니다."

박스를 안고 집으로 돌아왔다. 비닐이 바스락거렸다. 팔이 무거웠다. 부엌에 들어와 바로 냄비를 올렸다. 물을 끓였다. 팔을 걷어붙이고 오뎅을 넣었다. 하얀 김이 솟아올랐다.

'끓이면 괜찮겠지.'

맛살도 데쳤다. 포장지를 뜯을 때 나는 인조 게살 냄새가 부엌에 퍼졌다. 그릇에 담아 상 위에 올렸다.

"얘들아, 오늘은 오뎅이다!"

아이들이 방에서 뛰어나왔다. 젓가락을 들고 자리에 앉았다.

"우와, 엄마 오늘 뭐 좋은 일 있어?"

"많이 먹어. 국물도 먹고."

아이들 입가에 국물이 묻었다. 뜨거운 오뎅을 후후 불

며 먹는 소리가 부엌 가득 찼다. 나는 싱크대 앞에 서 있었다. 얼굴을 돌려 아이들 모습을 한 번 더 봤다. 그날 이후 마트 주인은 가끔 나를 다시 불렀다.

"어머니, 또 있어요."

박스를 내밀며 말했다. 내가 연신 인사를 하자 주인은 오히려 손을 내저었다.

"괜찮아요. 유통기한 지난 지 얼마 안 됐어요. 우리 집도 이런 건 그냥 먹어요."

그 말이 나를 덜 초라하게 만들었다. 집으로 돌아오는 길, 박스가 든 손은 여전히 무거웠다. 그래도 한쪽 손은 비어 있었다. 그 손으로 아이들 머리를 쓰다듬을 수 있었다.

일요일 아침

일요일 아침이었다. 동네 골목마다 교회 차가 도는 시간이었다. 시계 초침이 10분, 15분을 넘어갈수록 마음이 조급해졌다.

"교회 가야지."

방 안을 향해 말했다. 대답이 없었다. 문을 열자, 딸이 이불을 머리까지 뒤집어쓴 채 웅크리고 있었다. 숨을 참는 어깨가 이불 아래에서 살짝 움직였다.

"교회 안 가니?"

눈을 꼭 감고 있었다. 대답 대신 긴 침묵만 흘렀다. 그때 이미 알고 있었다. 교회 가기 싫은 마음을. 일요일은 곧 교회 가는 날이었다. 남의 집 장례를 치를 때도, 생일잔치를 할 때도, 교회 사람들과 함께였다. 남편 장례 때 부엌을 지켜준 것도 여성교회 사람들 손이었다. 내가 숨을 고를 수 있는 몇 안 되는 자리였다.

딸이 이불 속에서 꿈쩍도 하지 않았다. 교회 가자는 소리가 입에서 소리가 튀어나오고, 그다음은 몸이 먼저 움직였다. 순간, 나도 모르게 발이 앞으로 나갔다. 발끝이 딸의 옆구리를 세게 때렸다. 딸 몸이 작게 튀어 올랐다가 이불 속으로 다시 가라앉았다.

"일어나. 빨리."

딸은 소리도 내지 않고 이불을 걷었다. 눈가가 벌겋게 젖어 있었지만 끝까지 울음을 삼켰다. 옷을 입고, 머리를 빗고, 신발을 끌어 신고 마당을 나섰다. 문밖에서 교회 차가 경적을 두 번 울렸다. 대문이 닫히는 소리가 나자 그제야 정신이 들었다. 방 안에는 끊어진 울음소리만 남아 있는 것 같았다.

나는 빈 이불을 바라봤다. 방금 전까지 아이가 웅크리고 있던 자리. 발끝에 전해지던 딸의 몸의 온도가 아직 남아 있는 듯했다.

기댈 곳이라 믿었던 교회까지 놓치면, 내가 설 곳이 없을 것 같았다. 그래서 그 작은 등을 발로 차고 말았다. 교회 차가 동네 언덕을 돌아 사라질 때까지 마당에 서 있었다. 딸에게 미안했다. 하지만 그날엔 끝내 입 밖으로 꺼내지 못했다.

넘어간 것들

나와 아이들 앞으로 들어둔 보험이 있었다. 애들 작은엄마의 권유로 가입을 하게 되었던 것이다. 그때는 혹시 모를 일을 대비하는 마음으로 든 거였지, 우리 삶을 이렇게 뒤흔들 줄은 몰랐다. 어느 날 면사무소에서 전화가 왔다. 수화기 너머 목소리가 말했다.

"이 보험 때문에 영세민 자격이 안 됩니다."

말뜻이 바로 들어오지 않았다. 영세민은 그때 농촌에서 가장 가난한 집에 붙던 이름이었다. 지금의 기초생활수급자 비슷한 게 있어서, 의료비나 급식비, 전기요금을 조금씩 깎아줬다. 그 이름이 있어야 겨우 숨을 고를 수 있었다.

“그럼… 어떻게 해야 돼요?”

“해약하셔야 자격이 유지됩니다.”

전화를 끊고 한참을 멍하니 앉아 있었다. 남편이 남겨둔 건 집 한 채와 이 보험뿐이었다. 이마를 짚고 있다가, 결국 보험사에 전화를 걸었다. 해약하면 돌려받는 돈이 얼마나 되는지 물었다.

“대략 천오백만 원 정도 나옵니다.”

천오백만 원. 그 숫자가 머릿속에서 커졌다. 김공장에서 한 달 내내 서 있어도 만져보기 힘든 돈이었다. 밀린 공과금, 아이들 학비, 남편 병원비로 빌린 돈이 한꺼번에 떠올랐다.

집으로 돌아와 식탁에 서류를 펼쳤다. 해약 신청서 위에 남편 이름이 적혀 있었다. 이름 옆에 작은 칸이 하나 있었다. 도장을 찍으라는 네모. 서랍에서 도장을 꺼내 손바닥에 꼭 쥐었다.

"이걸 깨면, 남편이 남겨둔 것도 다 없어지는 건가."

그래도 도장을 내려놓을 수는 없었다. 아이들 얼굴이 떠올랐다. 쌀통 바닥에 보이던 쌀알이 떠올랐다. 도장을 찍자, 빨간 잉크가 종이 위에서 번졌다. 손끝이 조금 떨렸다. 부끄러움보다 살아야겠다는 마음이 더 컸다. 남편이 병실에서 했던 말이 생각났다.

"당신이 알아서 해."

며칠 뒤, 통장에 천오백만 원이 찍혔다. 그날 밤, 오랜만에 등을 펴고 누웠다. 며칠 만에 깊은 잠이 찾아왔다.

얼마 지나지 않아 친척에게서 전화가 왔다.

"형수, 사정이 좀 어려워서… 잠깐만 빌려주면 안 될까."

입술이 말라붙었다. 우리 집 형편도 넉넉하지 않았지만, 그 집 사정도 알고 있었다. 누구 하나 여유로운 사람이 없는 시대였다.

"얼마나 필요해."

구체적인 액수는 들리지 않았다. 그저 힘들다는 말만 길게 이어졌다. 거절하는 말이 목구멍까지 올라왔다가 내려갔다.

돈은 한 번에 나갔고 돌려받는 일은 오래도록 없었다. 서운함이 차오를 때마다, 나도 남에게 손 벌린 적이 있다는 생각을 했다. 그들도 형편이 좋지 않을 거라 여겼다.

통장 잔고는 조금씩 줄어들었다. 남편의 보험증서에서 시작된 숫자는 쌀값, 전기세, 아이들 준비물 값으로 잘게 잘려 나갔다. 돈이 들어오기 전과 다르지 않은 하루들이 다시 이어졌다.

그래도 어쩔 수 없었다. 오늘 아침 밥상 위에 김치 한 접시를 올리려면, 내일 아이들 도시락을 싸려면, 남은 걸로 버티는 수밖에 없었다. 넘어간 건 보험뿐만이 아니었다. 남편이 남겨둔 마지막 안전망, 친척에게 빌려 보낸 돈, 다시는 돌아오지 않을 것 같은 시간들까지 함께 넘어가 버렸다.

힘이 되어준 것들

농촌 학교는 작았다. 한 반에 서른 명 정도의 아이들이 모여 앉아, 칠판에 분필 가루가 둥글게 떠다니는 곳이었다. 아들은 성실했고, 딸은 늘 반에서 맨 위에 이름을 올렸다.

시험이 끝나는 날이면 선생님이 성적표를 들고 아이들을 불렀다.

"이번에도 1등이야. 수고했다."

딸 이름이 불릴 때마다 아이들이 뒤를 돌아봤다. 나는

그 얘기를 들을 때마다 부엌 설거지하던 손을 잠시 멈추곤 했다. 서천화력, 서천사랑장학회 같은 기관에서 장학금을 준다는 소식이 학교를 통해 집으로 전해졌다. 지금 같으면 기업 홍보용 행사처럼 느껴지겠지만, 그 시절 시골에선 한 집 살림을 뒤흔들 만큼 큰돈이었다.

봄이 되면 읍내 문예의 전당 대강당에 사람들이 모였다. 단단한 나무 의자에 앉아, 마이크 잡은 사람이 이름을 불렀다.

"○○고등학교 ○학년 ○○○."

아들과 딸이 차례대로 단상 위로 올라갔다. 몸보다 큰 장학증서를 두 손으로 꼭 끌어안고 허리를 깊이 숙였다. 단상 아래에서 나는 손에 땀을 쥐고 그 모습을 바라봤다. 받은 봉투 안에는 장학증서와 함께 현금 몇 만 원이 들어 있었다. 지금 30대들이 말하는 용돈 정도일지 몰라도, 그때 우리 집에서 그 돈은 한 달치 쌀값이고 교복값이자 참고서값이었다.

집에 돌아오는 길, 버스 창밖으로 논밭이 길게 펼쳐졌다. 아들은 봉투를 내게 건네며 말했다.

"엄마, 이걸로 책 사고 남으면 쌀 사요."

"너희 책 사는 돈이다. 책 사고, 필요한 거 있으면 사라."

머릿속에서는 자연스럽게 계산을 했다. 참고서값, 급식비, 다음 달 전기세. 봉투 한 장에 많은 숫자가 달라붙었다 떨어졌다.

밤이 되면 아이들은 작은 방에서 책을 펼쳤다. 형광등 불빛 아래에서 연필이 종이를 긁는 소리가 늦은 시간까지 이어졌다. 나는 부엌에서 찬거리를 정리하다가 문틈으로 아이들 등을 바라봤다.

딸은 허리를 꼿꼿이 세우고 문제집에 줄을 긋고 있었다. 아들은 고개를 긁적이며 수학문제를 붙잡고 있었다. 그 등을 보고 있으면 하루 종일 일하느라 굳었던 어깨가 조금은 가벼워졌다.

'도박으로 비워지던 통장인데, 이 아이들 손으로 채워

지는구나.'

장학금이 들어온다고 살림이 여유로워진 것은 아니었다. 새벽 김공장에서 받는 일당,

식당 아르바이트비에 장학금 봉투가 한 번씩 얹힐 뿐이었다. 그래도 그 봉투를 볼 때마다 내가 버텨온 세월이 하나도 헛되지 않은 것 같았다. 아이들이 웃을 때 마당 흙바닥도 덜 푸석해 보였다.

"엄마, 다음에 또 상 받으면 엄마 신발도 사드릴게요."

아들이 그렇게 말하던 날, 나는 대답 대신 허리를 굽혀 붉게 일어난 손등을 한 번 쓸어내렸다. 살아남기 위해 뛰던 날들이 조금씩 모양을 바꾸기 시작했다. 숫자를 맞추는 것만이 전부였던 가계부에 아이 이름으로 받은 장학금 항목이 늘어났다.

겨울 운동장에서 상장을 들고 사진을 찍던 얼굴, 장학금으로 산 문제집에 빼곡히 적힌 연필 자국이 함께 붙어 있었다.

'이젠 살아남는 것만 생각하지 말자. 이 아이들이 자

기 길을 걸어갈 수 있게 조금이라도 길을 닦아주자.'

장롱 맨 아래 서랍에는 아들이 받은 상장과 딸이 받은 장학증서를 포개 두었다. 장판을 닦다가 그 서랍을 열면 종이 냄새와 함께 아이들의 손끝이 떠올랐다. 거친 내 손과는 다른, 연필을 오래 잡아 굳은살이 박이기 시작한 손. 그 손이 내 삶을 대신 증명해주는 것 같았다.

다시, 걷는 길 위에서

다시 봄이 왔다. 마당으로 햇살이 깊게 흘러들었다. 장판 끝까지 비집고 들어온 빛이 흙먼지를 금빛으로 떠올렸다. 한동안 손대지 못했던 마당으로 내려가 보았다. 흙을 손바닥으로 한 줌 떠올렸다. 겨울을 지난 흙은 딱딱했다. 손가락으로 부수어 보니 고슬고슬 부서졌다. 그 위에 알로에 모종을 올리고, 무궁화 가지를 심었다. 모종 몇 개를 더 사 와 작은 꽃도 군데군데 꽂았다. 흙이 손톱 밑으로 파고들었다.

삶을 포기하려 했던 적은 없었다. 다만, 이렇게까지 아파야 하나 하는 마음이었을 뿐이다. 남편이 떠난 뒤, 머리 위로 검은 천이 내려앉은 것 같았다. 세상이 덩어리째 내려와 가슴팍을 누르고 있었다. 숨이 짧게 들이켜졌다. 노을도 보지 못했다. 마당 끝까지 번져오는 붉은 빛만 스쳐도 가슴이 덜컥했다. 저 색 안에 남편이 서 있는 것 같았다. 예쁜 것일수록 더 멀리했다. 꽃이 피어도, 바다가 반짝여도, 눈길을 오래 두지 못했다.

그래도 아이들이 있었다. 도시락을 싸야 했고, 준비물을 챙겨야 했다. 김공장에 나가야 했고, 식당 설거지하러 가야 했다. 쓰러질 틈이 없었다. 밤마다 '이제 그만 쉬고 싶다'고 생각하다가도 새벽 알람이 울리면 몸을 일으켰다. 울던 눈을 대충 씻고, 밥솥 뚜껑부터 열었다.

어느 날이었다. 일을 마치고 집으로 돌아오는 길, 발이 저절로 멈췄다. 바람이 불었다. 전봇대 줄이 가늘게 떨리고, 길가 나무의 어린 잎들이 서로 부딪히며 작은 소리를 냈다. 햇살이 잎사귀 사이로 떨어져 바닥에 동전처럼 동글게 박혀 있었다. 그 위로 내 그림자가 길게 드리워졌다.

애초에 출발선이 달랐다. 누구는 부모가 깔아놓은 길 위에서 걷고, 나는 맨발로 길부터 닦아야 했다. 같은 곳까지 가지 않아도 괜찮겠다는 마음이 그때 처음 들었다. 남들 속도에 맞출 필요도 없었다. 내 걸음으로 가면 됐다. 무릎과 허리에 남은 상처가 한 발짝마다 자기 존재를 알린다. 그래도 앞으로 간다. 하루에도 몇 번씩 주저앉고, 다시 일어선다. 흙이 무릎에 묻으면 손바닥으로 털고, 또 한 걸음 내딛는다.

남은 인생은 욕심내지 않기로 했다. 하루 세 번쯤 하늘을 올려다볼 수 있으면 좋겠다. 밥상머리에 둘러앉아 아이들, 손자들 얼굴을 한 번씩 더 바라볼 수 있으면 된다. 웃다가 울어도 좋고, 울다가 다시 웃어도 상관없다.

마당에 심어둔 알로에잎은 아직 작았지만, 가운데에서 연둣빛 새순이 올라오고 있었다. 무궁화 가지 끝에도 눈이 맺혀 있었다.

또 한 계절을 건너왔다는 생각이 들었다.

CHAPTER 3

가만히 자라는 마음

아들이 네 살인가 다섯 살쯤 되던 날이었다.

마트 가는 길, 약국 앞을 지나는데 아이가 걸음을 멈췄다.

"엄마, 저기."

손가락이 붉은 십자가 모양 간판을 가리켰다.

"왜?"

"약국."

나는 아이 얼굴을 한참 들여다봤다.

"누가 가르쳐줬어?"

"아무도."

"그럼 어떻게 알아?"

"그냥 알아."

아이 손끝이 간판 글자 하나하나를 짚었다. '약국.' 유치원에도 가기 전이었다. 집에서 따로 글자를 가르친 적도 없었다.

그날 밤, 남편에게 말했다.

"우리 아들 글자 읽어."

"에이, 설마."

"진짜야. 약국 간판 읽더라."

남편이 웃으며 말했다.

"똑똑하네, 우리 아들."

그때만 해도, 그 재능이 어디까지 뻗어갈지 몰랐다.

중학교 1학년 가을, 학교에서 돌아온 아들이 가방을 내려놓으며 말했다.

"엄마, 나 공고 갈래."

공고. 그때 공업고등학교는 기술을 배워 바로 공장이나 회사로 취업하는 길이었다. 집안 형편이 어려운 아이들이 많이 택하던 학교였다.

"공고?"

"응. 기술 배워서 바로 취업하려고."

나는 깊게 묻지 않았다.

"그래, 알겠어."

그때 나는 늘 피곤했다. 새벽에 나가 밤에 돌아왔고, 머릿속에는 다음 달 급식비랑 전기세 걱정뿐이었다. 아들이 빨리 취업해서 집에 보탬이 되면 좋겠다는 생각이 솔직히 있었다. 공부는 그다음 문제였다.

그런데 얼마 지나지 않아 아이가 달라졌다. 기술을 배우겠다며 공부에 마음을 두지 않던 아들이 어느 날부터 스스로 책상 앞에 앉기 시작했다. 문을 살짝 열어보면, 국어책이든 수학책이든 펼쳐 놓고 있었다. 책장 넘기는 소리가 늦은 밤까지 이어졌다.

중·고등학교를 다니는 동안 아들은 여러 번 모범학생상을 받아왔다. 상장을 들고 와 부끄러운 듯 웃을 때마다, 가슴 안쪽이 뜨겁게 일렁였다. 아버지 없이도 이렇게 자라주는 것만으로도 고마웠다.

고등학교에 합격했을 때는 더 놀랐다.

"엄마, 나 장학생으로 붙었어."

등록금을 전액 면제받는다는 말이었다. 기뻤지만 마음 한편이 복잡했다. 일찍 취업하면 조금 더 편해질 수도 있다는 생각이 아직 남아 있었기 때문이다. 그러면서도, 이 아이가 더 멀리 갈 수 있을 것 같아 뿌듯했다.

수능이 끝나고 며칠 뒤, 아들이 조용히 말했다.

"엄마, 인서울 대학 붙었어. 4년 장학생. 이공계 국가장학생도 됐어."

'인서울'이란 말은 서울에 있는 대학, 시골에서는 TV 속에서나 보던 학교를 뜻했다. 마치 다른 나라 이야기처럼 들리는 말이었다.

"그래… 잘했다."

나는 크게 소리 내 기뻐하지 못했다. 그저 부엌 의자에 앉아 손에 힘을 빼고, 식탁 위에 놓인 합격 통지서를 한참 바라보기만 했다. 공장에서, 김밥집에서, 김공장에서 버티며 살아온 세월이 잠깐 동안 조용해지는 순간이었다. 아들은 스스로 길을 찾아가고 있었다. 나는 그 길 옆에서 조금 떨어져 서 있을 뿐이었다.

해줄 수 있는 것은 많지 않았다. 그래도 멀리서라도, 묵묵히, 끝까지 응원하고 싶었다.

무거운 발걸음, 그리고 먼 길

딸이 고등학교에 들어갈 즈음이었다.

그땐 시골에서 공부 잘하는 아이가 있으면, 선생님들이 직접 집으로 찾아오곤 했다. 성적 좋은 학생을 어느 학교로 보내느냐에 담임의 체면도 달려 있던 시절이었다. 서천, 논산, 천안에서 온 선생님들이 며칠 사이 차례로 대문을 넘어왔다.

“따님을 3년 장학생으로 모셔가고 싶습니다.”

“서울대, 서울교대까지 책임지겠습니다.”

낯선 양복, 반듯한 가방, 정중한 말투. 그 사이에 우리 집 낡은 마루와 벽지가 더 누렇게 보였다. 그때 딸은 충청남도에서 상위 0.5% 안에 들었다고 했다. 숫자로 들으니 더 멀게 느껴졌다. 우리 집의 형편과는 거리가 있는 말처럼 들렸다.

"집에서 다니면 좋겠는데…"

혼잣말처럼 중얼거리고 있는데, 옆에서 공부하다 말던 아들이 입을 열었다.

"엄마, 동생 서천여고로 보내요."

"왜?"

"기숙사 못 견뎌요. 사람 사귀는 거 서툴잖아요."

맞는 말이었다. 딸은 집을 떠나는 상상만 해도 얼굴이 굳는 아이였다. 그 무렵 나는 새벽 네 시면 집을 나섰다. 나가기 전, 라디오 찬송가를 켜 두고 불을 껐다. 어두운 방에 노래만 남겨두고 문을 닫았다.

아들은 기숙사에서 자고 있었고, 밤이 깊어지면 집엔 딸 혼자 남았다.' 또 혼자 두고 나가야 하네.' 길게 늘어

진 그림자를 밟으며 마을 어귀를 지나면, 발뒤꿈치가 푹 푹 파이는

느낌이 들었다. 고3 겨울, 딸이 두꺼운 봉투를 들고 들어왔다.

"엄마, 한양대 붙었어."

순간 속이 뒤집혔다. 사립대는 안 된다고 몇 번이나 말해뒀다.

"등록금이 얼만데, 어떻게 보낼 건데!"

목소리가 높아졌다. 딸을 붙들고 한참을 퍼부었다. 나중에서야 알았다. 충남대에도 장학생으로 합격했다는 걸, 혹시 보내지 말까 봐 일부러 말을 숨겼다는 걸. 대견했고, 얄미웠고, 그래도 기특했다. 그래서 결국 딸을 보냈다.

한양대로 떠나는 날, 나는 딸을 꼭 안고 말했다.

"생활비는 엄마가 벌어 보낼게. 등록금은 대출 받아."

그 말 뒤로 다시 긴 겨울이 시작됐다. 이후 6년 동안 새벽 세 시에 일어나 밤 열한 시에 들어왔다. 낮에는 공

장과 밭일, 밤에는 또 다른 일.손바닥이 갈라지고 발뒤꿈치가 터졌다.

딸은 서울 작은 원룸에서 살았다. 보증금 300만 원, 월세 40만 원. 전화기 너머로 들려오는 목소리는 밝았지만, 끊고 나면 내 방 안 공기가 무거워졌다.

'더 많이 해주지 못해서 미안하다.'그 마음이 발걸음을 더 무겁게 만들었다. 그래도 딸은 제 길을 걸어갔다. 나는 그 길 뒤에서, 갈라진 손으로 아이의 먼 등을 지켜보고 있었다.

해낸 것들, 남은 것들

아들이 대학 2학년이던 봄, 전화가 걸려왔다. "엄마, 나 학교에서 튜터라는 걸 하게 됐어."

낯선 단어였다.

"튜터가 뭐야?"

"수학 교과목 학습조교 같은 거야. 한 달에 30만 원씩 받을 수 있어. 이제 용돈 안 줘도 돼."

수화기 너머 목소리가 가볍게 들렸다.

"그래? 그럼 기숙사비만 보낼게."

전화를 끊고 한참 식탁에 앉아 있었다. 방금까지 쌀을 씻던 손이 물기만 남은 채 식어 갔다. 한 달에 30만 원. 계산기를 꺼냈다.

그달 통장에 찍힌 입금액 180만 원. 거기서 딸 서울 생활비 70만 원을 뺐다. 전기·수도 5만 원, 내 버스비 3만 원. 아들 용돈 30만 원. 숫자가 줄어들 때마다 화면이 더 허전해졌다. 남은 돈 72만 원. 이제 용돈 30만 원을 안 보내면 102만 원. 계산기를 덮었다. '조금 숨통 트이네.'

고개를 들자 허옇게 칠해진 천장이 보였다. 창문 밖으로는 둥근 달이 걸려 있었다. 달빛이 싱크대 스테인리스에 비쳐 엷게 번졌다.

동네에는 소문이 많았다.

"둘 다 서울 대학이라며? 돈은 어디서 났대?"

"뭔가 있는 거 아냐?"

마트 진열대 사이에서도, 버스정류장 벤치에서도 낮

은 목소리가 오갔다. 나는 장바구니 끈만 꼭 쥐었다. 새벽 일 나가며 신은 고무신에 흙먼지가 말라붙어 있었다.

'있을 게 뭐가 있어. 없으니까 내가 벌지.'

속으로만 중얼거렸다. 명절이 되면 아이들이 내려왔다. 서천역 플랫폼 끝에서 두 아이가 양손을 흔들었다.

"엄마!"

서울 냄새가 밴 옷을 껴안으면 도시에서 난 냄새와 바다 냄새가 뒤섞였다. 집으로 돌아가는 버스비, 다시 올라가는 기차비까지 합치면 왕복 6만 원이 훌쩍 넘었다. 그래도 아이들은 자주 내려오고 싶어 했다.

"엄마, 이번 주 내려갈까?"

보고 싶었지만 입에서는 다른 말이 나왔다.

"괜찮다. 공부해."

전화를 끊으면 방이 금방 조용해졌다. TV 소리만 허공에 떠다녔다. 이불을 펴고 누워 천장을 바라보았다.
'해낸 것도 있고, 아직 남은 일도 많다.'

생활비 대출 2천만 원. 한 번 고장 나면 여지없이 멈춰

버리는 보일러. 빗물이 줄줄 새는 갈라진 벽. 손으로 세어보면 모자람뿐이었지만 다음 날 아침이 되면 또 신발을 신었다. 할 일이 있었고, 걸어야 할 길이 있었다.

아들이 졸업을 앞두고 전화를 걸어왔다.

"엄마, 이젠 내가 엄마한테 매달 용돈을 줄게."

말투가 예전보다 단단해져 있었다.

"그래."

더 묻지 않았다.

전화를 끊고 부엌 한가운데에 서 있었다. 형광등 스위치를 한 번 끄고, 다시 켰다. 희미한 불빛이 싱크대와 상부장을 한 번 훑고 지나갔다.

'됐구나. 이제 너는 네 다리로 걷는구나.'

불빛이 가만히 자리를 잡을 때까지나는 그 자리에 서서 손바닥을 조용히 쥐었다 폈다.

흐르는 것들

어느 오후, 전화가 울렸다.

"엄마, 나 팔 부러졌어."

"어디서?"

"자전거 타다 넘어졌어. 병원이야. 복합골절이래. 수술해야 한대."

수화기를 쥔 손에 힘이 빠졌다.

"어디 병원인데."

"서울 을지대병원."

가스레인지 위에서 된장국이 끓고 있었다. 불을 끄고, 냄비 뚜껑을 덮고, 앞치마를 벗었다. 씻지도 못한 손으로 지갑과 주민등록증만 들고 집을 나섰다. 무궁화호를 타고, 다시 지하철을 갈아탔다. 차창 밖 풍경이 바뀌었다. '복합골절, 수술.'

병원 복도에는 소독약 냄새가 가득했다. 흰 바닥, 형광등, 여기저기 울리는 호출음. 수술실 앞 의자에 앉자 의사가 말했다.

"2~3시간이면 끝납니다."

시계를 봤다. 2시 10분. 세 시 반, 문은 여전히 닫혀 있었다. 네 시 반, 의사 가운 자락만 드나들었다. 다섯 시 반, 물 한 모금 넘기기도 겁이 났다. 자리 비운 사이 문이 열릴까 봐.

여섯 시 반, 의자에 앉았다 일어섰다를 반복했다. 허벅지에 땀이 배었다. 일곱 시 반, 복도 천장등이 윙 하고 울었다. 여덟 시 반, 손끝이 차가워졌다. 아홉 시 반, 더는 할 말이 없어 속으로만 짧게 빌었다. '살려만 주세요.'

열 시가 조금 넘어 수술실 문이 밀리듯 열렸다. 의사가 마스크를 벗으며 말했다.

"수술 잘 됐습니다."

다리가 풀려 잠시 일어나지 못했다. 회복실로 들어가니 아이가 하얀 이불 속에 누워 있었다. 입꼬리가 힘없이 올라갔다.

"괜찮아?" "응… 괜찮아."

땀이 송골송골 맺힌 이마를 수건으로 닦았다. 갈비뼈 안쪽까지 힘이 빠져나가는 느낌이었다. '됐구나. 한 고비는 넘겼구나.'

시간은 또 흘렀다.

아들은 군에 갔다. 소위로 임관했다. 늘 남의 집 이야기 속에만 있던 장교 제복이 어느 날 우리 집에도 들어왔다. 어느 날 전화가 왔다. "엄마, 통장 한번 보세요."

은행 창구에 통장을 내밀었다. 직원이 기계에 넣자 안쪽에서 찰칵찰칵 소리가 났다.

"엄마, 이거 쓰세요."

"네 돈 모아."

"저는 괜찮아요."

집에 돌아와 작은 흰 봉투를 꺼냈다. 볼펜으로 글자를 눌러 썼다. '아들 결혼, 집, 아이.' 그 돈은 쓰지 않았다. 월급날마다 들어오는 50만 원을 같은 봉투에 모았다. 서랍 안에 봉투가 하나둘 늘어났다. 봉투마다 똑같은 글씨가 적혔다. 그 안에 든 건 돈보다 아들의 마음 같았다.

월말이면 늘 같은 은행을 찾았다. 젊은 사람들처럼 휴대전화로 잔고를 확인할 줄 몰라, 나는 여전히 통장을 들고 창구에 줄을 섰다. 유리창 너머 직원이 말했다.

"정리해 드릴게요."

기계 안에서 도장이 찍히는 소리가 또렷하게 들렸다. 찰칵, 찰칵. 종이 한 장이 조금씩 두꺼워졌다. 숫자와 날짜가 차곡차곡 쌓였다.

통장을 덮으며 생각했다. 흘러가는 건 돈만이 아니었다. 수술실 앞에서 세어보던 시계 바늘, 병영 전화기 너머로 들리던 목소리, 집으로 돌아오는 기차 안에서 꾹 눌러 담았던 한숨들. 그 시간들까지 이 작은 책자 안에 얇게 겹겹이 눌어앉은 것 같았다.

집에 돌아와 통장을 서랍 맨 안쪽에 넣었다. 서랍을 밀어 넣는 소리가 방 안에 조용히 퍼졌다. 나는 아무 말도 하지 않았다. 그저 도장만 찍었다.

흔들리는 자리, 조용한 손길

입대한 지 1년쯤 되었을 때였다. 전화기 너머로 아들 목소리가 들렸다.

"엄마, 나 3사단으로 간대."

"3사단?"

"응. 강원도 전방이래."

그 시절 '전방'이라는 말은 눈 더미와 철책, 밤샘 근무를 한꺼번에 떠올리게 했다. 휴가도 마음대로 못 나온다 했고, 부모들 사이에서는 한 번 발령이 나면 평생 기록에 남는다고 수군거렸다.

"그럼… 취업할 때 불리한 거 아냐?"

"글쎄. 그냥 지금이 나을 것 같기도 하고."

아들은 담담했다. 수화기 너머로 숨소리가 고르게 들렸다. 전화를 끊고 방 안을 서성였다. 장농과 문 사이를 몇 번이나 오갔다. 걸을수록 발바닥이 바닥에 붙는 것 같았다.

밤이 깊어지자 언니 얼굴이 떠올랐다. 사위가 장군이라는 말이 문득 생각났다. 수화기를 들었다. 번호를 눌렀다.

"언니."

"그래, 웬일이야?"

"우리 애가 전방으로 간대. 3사단으로."

"그래?"

"혹시… 사위한테 한 번만 물어봐 줄 수 있어? 다른 데로 안 갈 수 있는지…"

끝까지 말이 잘 나오지 않았다. 군대 인사에 관여해달

라는 말은, 그 시대에도 쉬운 부탁이 아니었다. 그래도 엄마 입에서는 그 말이 흘러나왔다.

"알았어. 한 번 얘기해볼게."

전화를 끊고 나서 한참 동안 식탁에 앉아 있었다. 손바닥에 땀이 배어났다. 사흘 뒤, 언니에게 전화가 왔다.

"됐대. 너무 걱정하지 마."

"정말?"

"응, 그냥 아무 일 없던 것처럼 지내."

통화를 마쳤다. 가슴 한구석이 놓인 듯 무겁게 내려앉았다. 며칠 지나지 않아 아들이 전화를 했다.

"엄마, 인사이동 취소됐대."

"그래? 왜?"

"몰라. 대대장이 그러더라. 친척 중에 장군 있으면 미리 말하지 그랬냐고."

아들은 대수롭지 않게 웃으며 말했다. 수화기 반대편에서 내 손이 굳어졌다.

"그래, 잘됐네."

겨우 그 말만 했다. 전화를 끊고 부엌으로 갔다. 냄비에 물을 올리고 국을 끓였다. 국자를 잡은 손끝이 조금씩 떨렸다. 쉬운 부탁은 아니었다. 그래도, 그때 내가 할 수 있는 일은 거기까지였다.

처음으로 안정

일용직으로 할 수 있는 일은 웬만큼 다 해봤다. 새벽 바닷가에서 실치를 골라 상자에 담고, 배에 올라타 새우를 내리고, 겨울이면 김 공장에서 서서 김을 골랐다. 군에서 실업자들 불러 모아 하던 취로사업에도 나갔다. 나락을 베는 날도 있었고, 도로에 쌓인 쓰레기를 치우는 날도 있었다. 여름에는 춘장대 화장실을 청소하기도 했다.

굴뚝 청소를 하던 날엔 검은 재가 머리카락까지 파고들어 집에 와서 세수를 해도 거울 속 얼굴이 회색으로 남았다.

발전소 오바리 공사장에서는 철골 사이를 오르내리며 쓰레기를 치웠다. 안전모를 눌러 쓰고도 머리가 띵했다. 하루 품삯은 그날로 다 사라졌다. 남는 건 늘 없었고, 몸만 점점 닳아갔다.

서른 해쯤 지나자 아침마다 허리가 굳어 있었다. 이대로는 더 버티기 어렵겠다는 생각이 들었다. 아이들도 제법 커 있었다. '이제는 자리 하나 만들자. 내 이름이 적힌 일터가 하나쯤은 있어야지.'

삼육어린이집 조리사 공고를 봤다. 종이에 적힌 '조리사 1명'이라는 글자가 오래 눈에 밟혔다. 면접 날, 가장 말끔한 옷을 골라 입고 첫차를 타고 나갔다.

"월급은 최저임금 수준이에요."

"괜찮습니다."

"아침 일찍 출근해야 해요. 아이들 등원 전에 밥이 다 차려져 있어야 하거든요."

"할 수 있습니다."

질문은 몇 개 되지 않았다. 경력 증명서도, 자격증도 없었지만 손마디가 대신 말해주고 있는 것 같았다.

며칠 뒤, 전화가 왔다.

“어머니, 삼육어린이집 조리사로 합격하셨어요.”

수화기를 내려놓고 한참을 서 있었다. 직장인이라는 말을 처음 내 몫으로 받은 날이었다.

첫 출근 전날 밤, 아이들이 말했다.

“엄마, 이제 정규직 됐네.”

“그래.”

“이제 일 조금만 해. 몸 아프면 안 돼.”

“응.”

그날 늦은 밤 새로 산 앞치마를 접었다 폈다. 국자를 손에 쥐어보니 손바닥 굳은살이 거칠게 느껴졌다.

다음 날 새벽, 아직 어두운 길을 걸어 어린이집 주방 불을 켰다. 스테인리스 싱크대가 희미한 불빛을 반사했다. 큰 냄비에 물을 받고, 쌀을 씻고, 국거리 채소를 다듬었다.

여섯 시가 넘어가자 밥 짓는 냄새가 주방 가득 퍼졌다. 김이 솟아올랐다. 복도 끝에서 교사들 발자국 소리가 났다.

"선생님, 안녕하세요."

처음으로 누군가 나를 조리사 선생님이라고 불렀다.

열 해가 넘는 동안 나는 아이들 밥을 지었다. 봄에는 냉이 된장국, 여름엔 열무비빔밥, 겨울이면 뜨거운 미역국에 김을 얹었다. 점심시간이 되면 작은 숟가락들이

식판 위를 바쁘게 오갔다.

"선생님, 오늘 밥 맛있어요."

입가에 국물 자국을 묻힌 아이가 웃으며 말했다.

"많이 먹어."

2022년 12월, 낯선 번호로 전화가 왔다.

"보육발전 유공으로 군의회의장상을 드리려 합니다."

"저요?"

"네, 삼육어린이집 조리사 선생님 맞으시죠."

시상식 날, 군청 강당에 섰다. 단상 위 형광등 불빛이 눈부셨다. 이름이 불리고, 상장을 두 손으로 받았다. 흰 종이 위에 또렷하게 적힌 내 이름을 보니 주방 한켠에 걸어 둔 앞치마와 손때 묻은 국자가 떠올랐다.

많이 벗겨진 냄비 손잡이, 수백 번 쌀을 씻어낸 고무장갑, 아이들이 흘린 국을 닦던 물걸레. 상장을 쥔 손등에 주름이 깊게 잡혀 있었다.

글씨가 살짝 번져 보였다.

그 세월이 조용히 한쪽에서 나를 바라보고 있는 것 같았다.

처음 본 날부터

“엄마, 이번 주말에 집에 갈게. 여자친구랑.”

“그래. 몇 시쯤?”

“점심쯤 도착할 것 같아.”

전화를 끊자마자 마루를 쓸었다. 걸레를 헹궈 마른 마루를 다시 훑었다. 부엌 찬장을 열어 냄비를 꺼내 놓고, 무엇을 해 먹일지 머릿속으로 상을 그렸다.

시장에 나가 주꾸미 2킬로를 집어 들었다. 손바닥에 차가운 촉감이 닿았다. 상추와 깻잎, 마늘 한 봉지까지 챙겼다. 집에는 된장과 김치, 나물이 이미 기다리고 있었다.

점심 무렵, 대문 밖에서 발소리가 났다.

"엄마, 왔어."

아들 뒤로 키 큰 여자가 서 있었다. 머리를 단정히 묶고 또렷한 목소리로 인사했다.

"안녕하세요."

"그래, 어서 들어와."

물을 따르자 두 손으로 공손히 받았다. 잔을 내려놓는 손이 가볍게 떨리는 것 같았다. 상을 폈다. 지글지글 익어가는 주꾸미에서 김이 올라왔다.

"많이 먹어."

"잘 먹겠습니다."

여자는 허리를 곧게 세우고, 젓가락을 조심스레 움직였다. 입을 크게 벌리지도, 소리를 내서 씹지도 않았다. 아들이 옆에서 자꾸 웃었다. 그 웃는 얼굴이 오래 편안해 보였다. '아, 이 아이구나.'

식사가 끝나자 여자가 조심스레 말했다.

"설거지 제가 할게요."

"됐어, 내가 하지."

"아니에요, 제가 할게요."

기어이 소매를 걷고 싱크대 앞에 섰다. 그릇에 묻은 국물은 고무주걱으로 먼저 훑어냈다. 물을 세게 틀지 않고, 그릇을 모아 한꺼번에 헹궜다.

빈 접시는 크기대로 포개 두었다. 나는 부엌 문턱에 서서 그 모습을 지켜봤다. 허리를 구부린 뒷모습이 부드러웠다. 손놀림은 야무졌다. '좋다.' 마음이 조용히 내려앉았다.

다음 날, 동네 친구가 길에서 물었다.

"어제 기분 좋아 보이더라?"

"우리 아들이 여자 데려왔어."

"그래? 착해 보이던데."

"응. 며느리감이야."

그날 하루, 누구를 만나든 그 얘기만 했다.

"처음 본 날부터 며느리다."

조용한 동행

남편이 떠난 지 스무 해가 넘었다. 아이들은 모두 서울로 올라갔다. 집엔 내 숨소리와 시곗소리만 남았다.

저녁이 되면 TV를 켰다. 말소리 나는 채널 아무 데나 맞춰 두고 부엌에 앉아 국을 데웠다. 숟가락이 그릇에 닿는 소리가 거실까지 또각또각 번져 갔다. 냉장고 모터 돌아가는 소리가 멎으면 집 전체가 텅 비어 있는 것 같았다.

어느 햇살 좋은 날, 동네 친구가 물었다.

"상훈 엄마, 식사 자리 한번 가져보실래요?"

"글쎄요…"

"밥만 드세요. 별 거 아니에요."

나이 든 여자가 누구와 밥을 먹는다는 건 시선이 따라붙던 시절이라 선뜻 대답이 나오지 않았다. 며칠을 두고 생각했다. 혼자 먹는 밥도 지겨울 만큼 오래 먹었으니 한 번쯤은 나가봐도 되지 않을까 싶었다.

식당에서 마주 앉았다. 스테인리스 수저통에서 수저를 꺼내며 서로 멋쩍게 인사를 했다.

"안녕하세요."

"안녕하세요."

밥을 먹으면서 지난 이야기를 조금씩 꺼냈다. 그는 아내와 이별한 뒤 오랫동안 혼자 지냈다고 했다. 자식들은 모두 출가했고 지금은 집과 밭을 지킨다고 했다. 나는 남편 병수발 이야기, 아이들 키우던 이야기를 했다.

말은 많지 않았는데 몸이 편했다. 숟가락이 그릇에 닿

는 소리, 국 김이 오르는 냄새, 창가로 들어오는 햇빛이 굳어 있던 어깨를 천천히 풀어 줬다.

"다음에 또 뵐까요?"

"그래요."

나도 모르게 그렇게 대답했다. 그 뒤로 가끔 함께 걸었다. 소나무 아래 맥문동이 펴져 있는 산책로를 한 바퀴 돌고 나면 보랏빛 풀잎 사이로 바람이 지나갔다. 편의점에서 종이컵 커피를 하나씩 들고 나와 버스 정류장 벤치에 앉았다.

날씨 얘기, 밥 얘기, 쓸데없는 소리들은 굳이 꺼내지 않았다. 옆에 누가 있다는 것만으로도 넓은 들판이 덜 비어 보였다.

반 년쯤 지났을 때였다. 맥문동 줄기가 한층 더 자라 발목을 간질이던 날, 그가 조심스럽게 말했다.

"같이 사시죠. 결혼은 말고, 친구처럼."

집에 돌아와 오래 앉아 있었다. 세탁대 위엔 아직 마르지 않은 행주가 걸려 있었고 밥솥 안엔 둘이 나눠 먹던 점심의 남은 밥이 식어 있었다. '다시 누군가와 한 지붕 아래 산다는 것.' 두려움과 안도가 한꺼번에 밀려왔다.

시간이 조금 더 흘러 아이들에게 입을 열었다.

"이젠 나도 친구랑 같이 살면 안 될까?"

전화기 너머로 잠시 숨 고르는 소리가 들렸다.

"엄마, 좋으신 대로 하세요."

"혼자 계시는 거 늘 걱정했어요."

그래서 함께 살기로 했다.

아침엔 내가 국을 끓였다. 된장 풀어 넣은 냄비를 불 위에 올려두면 그는 쌀을 씻어 밥솥에 안쳤다. 저녁이면 그가 설거지를 했다. 고무장갑 위로 물이 떨어지는 소리가 베란다 쪽으로 또르르 흘러갔다.

"다녀왔어요."

문 열리는 소리에 고개를 들면

"어디 갔었어요?"

"산책."

짧은 말이 오갔다. 현관에는 신발 두 켤레가 나란히 섰다. 밤에 물을 마시러 나와도 거실에 희미한 불빛이 켜져 있었다. 혼자 쓰러질까 봐 겁나던 마음이 조금씩 열어졌다.

아침이면 부엌에서 누군가 움직이는 소리가 났다. 그릇 두 개를 꺼내 밥을 푸고 국을 나누어 담았다. 김이 올라오는 두 공기를 마주 놓고 앉으면 숟가락이 그릇에 닿는 소리가 오래 비어 있던 집안을 채웠다. 가슴부터 천천히 몸이 따뜻해졌다.

다시 오는 순간

아들이 전화를 했다.

싱크대에 국자를 올려둔 채 수화기를 들었다.

“엄마, 아들 낳았어.”

“정말? 며느리는? 아기는?”

“둘 다 괜찮아. 잘 태어났어.”

가슴이 먼저 뛰었다.

“지금 갈게.”

옆에 있던 딸에게 눈짓했다.

"삼척에 가야겠다."

버스는 서천을 떠나 오래 달렸다. 창밖으로 논과 산이 바뀌어 갔다. 몸은 쑤셨지만 창에 얼굴을 기대고 있었다. 6시간 50분, 숫자보다 더 긴 시간처럼 느껴졌다.

병원 복도에 들어서니 희미한 소독약 냄새가 코를 찔렀다. 문을 열었다.

"며느리, 고생했어."

침대 머리맡에 기대 앉은 며느리가 웃었다. 눈가가 푹 꺼져 있었다.

"어머니, 오셨어요."

"아기는?"

"신생아실이요."

유리창 앞에 섰다. 작은 침대들이 줄지어 있었다. 그중 하나에서 노란 속싸개에 싸인 얼굴이 보였다. 눈을 감고 숨을 천천히 들이쉬었다 내쉰다. 하얀 입김이 유리창에 살짝 서렸다. 순간, 1988년 겨울 냄새가 났다. 눈 오는 날, 작은 방. 갓난아들을 품에 안고 앉아 있던 내 두 팔이 떠올랐다.

"엄마, 안아봐."

아들이 조심조심 아이를 안겨 주었다. 두 손으로 받아 품에 끌어안았다. 몸이 생각보다 더 가벼웠다. 속싸개 틈으로 미지근한 체온이 전해졌다. 작은 입이 한 번 꿈틀했다. 목이 저려왔다.

"많이 못 해줘서 미안하다."

입 밖으로 새어 나오는 소리가 들릴 만큼 낮게 말했다.

"아니에요, 어머니."

침대 위에서 며느리가 고개를 저었다. 나는 이불 끝을 매만지며 주름을 펴주었다. 아들은 어느새 아이 옆에 서 있었다.

"아빠가 누구야?"

아들이 웃으며 아기 얼굴을 들여다봤다. 그 모습이 낯설고도 익숙했다. 내 옆에 서 있던 아이가 아버지가 되어 서 있었다.

아기가 손을 폈다. 손가락 하나를 내밀자, 말캉한 손이 내 손등을 꼭 움켜쥐었다. 손톱은 좁쌀만 했다. 그 작은 힘이 팔꿈치까지 전해졌다.

돌아오는 길, 창에 비친 내 얼굴을 바라봤다. 주름이 더 깊어져 있었다. 그래도 입가가 저절로 올라갔다. 긴 시간 매어 있던 매듭이 조금씩 풀어지는 느낌이었다.

서천에 돌아왔다. 버스에서 내려 집으로 향하는 길은 익숙했다. 어두워진 마을길에 가로등 불이 하나씩 켜져 있었다.

CHAPTER 4

끝내 남는 마음

공장까지는 십오 킬로였다. 버스는 하루 세 번뿐이었다. 첫차는 내가 출근해야 할 시간보다 늘 늦게 도착했다.

어둔 새벽, 정류장에 서 있을 때면 늘 같은 장면이 떠올랐다. 빈 도로, 멀리 보이는 공장 굴뚝, 아직 개지 않은 김밥집 셔터. 몸은 공장으로 가야 했지만, 발은 집으로 되돌아가고 싶었다.

장도 봐야 했다. 아픈 몸 이끌고 병원도 가야 했다. 비가 오는 날이면 택시 번호를 눌러보다가수화기만 바라본 채 다시 내려놓곤 했다. 돈과 시간, 둘 다 넉넉하지 않았다.

'차를 사야겠다.' 생각은 거기까지였다. 문제는 영세민 자격이었다. 내 이름으로 차를 가지면 그 한 줄이 지워졌다. 그 한 줄이 지워지면, 아이들 학비와 약값이 함께 사라졌다.

며칠을 종이에 숫자만 적었다 지웠다. 150만 원, 기름값, 보험료, 벌어야 할 돈. 수첩 한 장이 까맣게 될 때까지 계산만 하다가 결국 전화기를 들었다.

동네 친구 번호를 눌렀다.

"나야." "왜?" "부탁 하나만 하자."

"뭔데."

"차… 네 이름으로 등록 좀 해줄래."

잠깐, 말이 끊겼다. 부엌 시계 초침 소리만 또각또각 들렸다.

"영세민 때문에 그치?"

"응."

"알았어."

수화기 너머 친구의 숨소리가 들렸다.

"정말 고맙다."

"괜찮아. 힘들지?"

"괜찮아. 그냥… 미안해서."

전화를 끊고 나서도 한참 동안 식탁에 앉아 있었다. 누런 등본 한 장이 눈앞에서 흔들렸다. 중고차를 샀다. 150만 원짜리 소형차. 서류에는 친구 이름이 적혀 있었다. 그 옆에 작은 도장이 붉게 찍혀 있었다.

나는 운전만 했다. 좁은 시골길을 지날 때마다 백미러 속 풍경이 길게 뒤로 밀렸다. 트렁크에는 장바구니와 작업복이 늘 실려 있었다. 차 이름은 내 것이 아니었지만, 그 바퀴는 나와 아이들을 데리고 시장과 병원, 공장과 교회 사이를 꾸준히 오갔다.

그렇게 5년이 지났다.

2012년, 친구에게서 전화가 왔다.

"이제 차 네 이름으로 돌려."

"왜?"

"너도 이젠 괜찮잖아. 나도 차 바꿔야 해."

통화가 끝난 휴대전화 화면에 친구 이름이 남아 있었다. 영세민 자격은 이미 끝났다. 아이들이 다 컸고, 각자 제 발로 서기 시작했다.

구청에 가서 서류를 바꿨다. 처음으로 내 이름으로 된 자동차 등록증을 손에 쥐었다. 얇은 종이 위에 인쇄된 내 이름이 유난히 무겁게 느껴졌다.

'5년이나 걸렸네.'

집에 돌아와 친구에게 전화를 걸었다.

"정말 고마웠어."

"뭐가. 당연한 거지."

"아니야. 덕분에 버텼어."

전화기를 내려놓고 난 뒤에야 친구를 오래 생각했다.

황색 신호 위에서

교차로였다. 신호등이 황색으로 바뀌었다.

늘 그랬듯이 엑셀을 조금 더 밟았다. 앞에서 가던 포터도 그대로 직진하겠지, 별생각 없이 따라붙었다. 그런데 포터가 급히 멈췄다. 브레이크 등만 붉게 번졌다. 발이 페달을 찾기도 전에,

"쾅."

앞유리가 흔들리고 몸이 앞으로 쏠렸다. 하얀 것이 눈앞에서 터졌다. 에어백이었다. 화약 냄새가 코를 찔렀다.

귀에서는 ‘윙’ 소리가 났고, 세상은 잠깐 비어 있는 것 같았다.

‘아, 사고가 났구나.’

그 생각을 한 뒤로 기억이 잘리듯 끊겼다. 얼마나 세게 들이받았는지, 어떻게 차 밖으로 나왔는지도 남아 있지 않다.

정신을 차렸을 때는 응급실 침대 위였다. 형광등이 너무 밝았다. 천장이 흰색인지, 불빛이 흰색인지 분간이 안 됐다. 머리는 지끈거렸다. 그때 누군가가 나를 내려다보며 말했다.

“어머, 이게 누구야?”

교회 권사님이었다. 병원에 볼일이 있어 왔다가 누워 있는 나를 보고 놀랐다고 했다.

“괜찮아요?”

“네… 괜찮아요.”

입은 그렇게 말했지만 목소리는 자기 것 같지 않았다.

“어쩌다 이렇게 됐대요?”

"교차로에서… 사고가 났어요."

권사님은 한숨을 쉬더니 말했다.

"아들한테 연락해야겠어요."

"아니에요, 괜찮아요."

"안 돼요. 아들이 알아야죠."

손이 내 휴대전화를 집어 들었다.

아홉 시간이 지나서야 병실 문이 열렸다.

아들이 먼저 뛰어 들어왔다. 그 뒤로 며느리와 손자가 숨을 헐떡이며 따라왔다.

"엄마! 괜찮아?"

"응… 괜찮아."

아들의 얼굴은 핏기가 없었다. 며느리는 입술을 깨물고 있었고, 손자는 작은 손으로 내 손등을 꼭 잡았다.

"할머니…"

차갑던 손이 내 살을 더듬었다.

"괜찮아. 할머니 괜찮아."

목까지 올라온 미안함이 그 말에 겨우 내려갔다.

며칠 뒤, 사고 뒤처리를 해야 했다. 보험사, 경찰서, 정비소. 서류에 서명을 하고, 벌금 금액이 적힌 종이를 받아 들었다.

"엄마, 벌금은 못 내줘요."

아들이 말했다.

"알아. 그 정도는 엄마가 감수해야지."

결국 딸 결혼할 때 쓰려고 꼬박꼬박 넣어두었던 적금을 깼다. 아들이 군 입대 후 매달 보내주던 돈을 모아둔 통장이었다. 창구에서 통장 정리된 걸 받아 들었을 때손이 조금 떨렸다.

'미안해, 딸아.'

입 안으로만 중얼거렸다.

아들이 사 주었던 차는 앞부분이 완전히 찌그러져 있었다. 폐차장으로 보내는 날, 부서진 헤드라이트에 한 번 손을 올려봤다. 운전면허도 취소되었다. 서류 한 장에 도장이 찍히는 소리를 들으며 '이제 정말 끝났구나' 하는 생각이 들었다.

집에서 어린이집까지는 거리가 있었다. 버스를 갈아타면 되지만 이른 새벽에는 차가 드물었다. 며칠을 고민하다가 서천 터미널 근처 작은 원룸을 얻었다. 일터와 가깝다는 이유 하나였다. 살던 집은 비워두고 나왔다.

그 즈음 동네에는 소문이 돌았다.

"밖에 나가 살면서 남편 동생한테 집도 안 준다더라."

"욕심이 많나 봐."

마트에서도, 버스정류장에서도 누군가 속삭이는 소리가 들렸다. 어느 날, 동네 할머니가 대놓고 물었다.

"그 집 왜 안 주는겨?"

"제가 살아야 해서요."

"아이구, 욕심도 많네."

화가 목까지 차올랐지만 말을 보태지 않았다.

아이들 다 키우고 남은 것이라고는 내 이름으로 된 집 한 채뿐이었다. 그 집까지 내주면 나는 어디로 가야 하는지 설명해도 이해하지 못할 얼굴들이었다. 그래도 입을 다물었다. 원룸으로 돌아와 작은 싱크대에 기대 서 있다 보면 냉장고 돌아가는 소리만 들렸다.

'아, 이렇게 사는구나.'

사고 뒤에 남은 것은 찌그러진 차와 끊어진 면허, 비어버린 적금 통장뿐은 아니었다. 손자 손이 내 손을 꽉 잡던 감촉, 차창에 비치던 노란 신호등의 색, 그리고 아직 숨이 들고 나는 이 몸.

밤에 불을 끄고 누우면 귀에서 그날의 쾅 하는 소리가 아직도 잠깐씩 되살아난다. 그래도 눈을 감았다 뜨면 천장의 형광등이 다시 보인다.

내 손으로 완성한 집

우리 집은 내가 다 고쳤다. 남편이 떠나고, 아이들을 키우는 동안 조금씩, 눈에 보이는 곳부터 손을 댔다. 처음엔 부엌 한쪽에 아궁이가 있었다. 장작을 밀어 넣고 불씨를 살리면 불꽃이 검은 솥 밑을 핥았다. 그 불로 밥을 짓고, 방 구들까지 데웠다.

아침에 한 번, 저녁에 또 한 번. 겨울이면 새벽에도 일어나야 했다. 잠결에 겉옷 걸치고 아궁이 앞에 쪼그려 앉아 장작을 밀어 넣다 보면 손등과 팔뚝이 시커멓게 그

을렸다.

아이들은 이불 속에서 숨만 고르게 쉬고 있었다. 이불 끝을 한 번 더 여며주고 나는 다시 연기 나는 아궁이로 돌아갔다.

그러다 연탄보일러를 들였다. 동네 아저씨가 와서 시커먼 연통을 달아주며 말했다.

“이제 훨씬 편하실 거예요.”

고개를 끄덕였지만, 그 편함도 밤잠을 온전히 돌려주진 않았다. 한겨울이면 새벽 2시에 한 번, 새벽 4시에 또 한 번 일어나 재를 털고 새 연탄을 넣었다. 차가운 연탄을 움켜쥔 손가락 끝이 얼얼했다. 아이들이 어릴 때라, 대신해 줄 사람도 없었다.

나중에 기름보일러로 바꿨다. 스위치만 돌리면 되는 세상이라니, 그제야 겨울밤이 조금 덜 길어졌다. 그래도 마음 한구석은 아궁이의 불을 잊지 못했다. 그래서 마루 한쪽에 화목보일러를 들였다. 장작을 패서 집 안으로 날라다 쌓아두고 보일러 속으로 밀어 넣으면 불이 훅 타올랐다. 나무 타는 냄새와 함께 집 안 공기가 서서히 풀렸다. 부엌도 바꿨다. 검은 그을음이 남은 아궁이를 없애고 가스레인지와 싱크대를 들였다. 벽을 따라 상·하부장을 붙이고, 마루 쪽으로 조립식 판넬을 세워 주방을 그만큼 넓혔다.

창문을 새로 맞추어 유리로 햇빛이 곧장 들어오게 했다. 안방과 거실 사이에 있던 중문도 떼어냈다. 문이 두 개나 있으니 사이사이 틈으로 겨울바람만 돌았다.

화장실은 원래 집 밖에 있었다. 비 오는 밤이면 우산을 쓰고 나가야 했다. 결국 집 안으로 화장실을 들였다. 물이 끊기면 지하수를 다시 팠다. 돈이 들었지만, 그만큼 마음이 놓였다.

마루에 깔린 합판과 장판만 새로 바꾸면 지금도 누가 들어와 살아도 될 만큼 집은 단단해졌다. 아들이 집에 온다고 하면 나는 더 분주했다.

그때 아들은 ROTC였다. 번들거리는 단화를 신고 내려왔다.

"ROTC 단화에 흙 묻으면 안 되지."

나는 부직포를 사다가 길의 초입에서 현관까지 주단을 깔듯 펼쳐 깔았다. 그 흙길 위의 잡초를 뜯어내고 구석구석 농약을 뿌렸다. 대문 앞 흙먼지를 쓸어냈다. 손이 닿는 곳마다 정리를 했다.

"엄마, 그냥 놔둬도 되는데요."

"안 돼. 네가 오는데 어떻게 그냥 놔둬."

아들은 멋쩍게 웃었다. 그 웃음이 좋았다. 우리 집은 지대가 높다. 집 앞에 서면 양쪽 바다가 한눈에 들어온다. 서해 바다가 길게 누워 있고하늘과 물빛이 포개져 있다.

"엄마, 여기 전망 진짜 좋다."

"그렇지? 여기가 제일 좋아."

"철길 놓이기 전엔 더 잘 보였겠다."

"응. 그래도 아직 예뻐. 엄마는 이 집이 제일 좋아."

아들, 며느리, 손자와 함께 그 바다를 바라본 날이 여러 번이다. 해가 지는 방향으로 바람이 불어오면 그동안 내가 갈아 치운 지붕이며 창틀들, 손으로 옮겨온 장작들이 모두 한 집을 이루어 서 있는 게 보였다. 이 집은 내가 손수 고친 집이다. 남편과 함께 살던 집, 아이들을 키운 집, 손자가 뛰놀던 집.

불길에서 시작해 형광등 불빛으로 이어진 세월만큼 내 삶도 이 집 안에서 조금씩 달라졌다. 그래서 나는 지금도 말한다. 내가 가장 사랑하는 곳은, 내 손으로 완성한 이 집이라고.

1등

면민 체육대회 날이었다. 면사무소 앞 학교 운동장에 천막이 줄줄이 섰다. 마이크에서는 신나는 노래가 나왔고, 장터에서 막 튀겨 낸 듯한 튀김 냄새가 바람을 타고 들어왔다.

진행하던 이가 말했다.

"이제 쌀포대 오래 들기 참가자 모십니다!"

옆에 있던 사람이 내 팔을 툭 쳤다.

"언니, 한번 나가보실래요?" "나요?"

"네, 힘 좋잖아요."

한 번 더 말렸다가 나가기도 애매했다.

"뭐… 한번 해볼까."

줄에 서니 20kg 쌀포대가 앞에 가지런히 놓여 있었다. 포대 겉면에 서천군 농협 마크가 크게 인쇄돼 있었다.

'뭐, 이 정도야 들 수 있겠지.'

호각 소리가 나고 포대를 들어 올렸다. 순간 어깨가 뚝 하고 내려앉는 느낌이 났다. 팔꿈치가 당겼다. 처음 1분은 버틸 만했다. 운동장에서 떠드는 소리도 들렸다.

"어머, 우리 면 아주머니 힘 좋네."

그런데 2분, 3분이 넘어가자 손바닥에 땀이 배어 포대가 미끄러질 것 같았다. 어깨부터 손목까지 쭉 타고 내려오는 통증이 한꺼번에 몰려왔다.

그때 문득 걱정이 스쳤다.

'이러다 1등 하면 어떡하지. 그러면 군 체육대회까지 나가야 할 텐데…그건 귀찮은데.'

생각하니 갑자기 의욕이 사라졌다. 결심했다.

"아이고, 못 하겠어요!"

일부러 힘을 풀어 포대를 툭 떨어뜨렸다. 모래먼지가 살짝 일었다. 3등이었다. '다행이다.' 며칠 뒤 면사무소에서 전화가 왔다.

"어머니, 서천군 체육대회 나가셔야겠어요."

"제가요?"

"1등 하신 분이 다치셔서 못 나오고, 2등 하신 분은 연세가 많아 포기하셨어요. 3등이셨잖아요."

수화기를 들고 한참 말이 없었다. '일부러 진 게 소용이 없네.' 그래도 나가기로 했다. 이왕 하게 된 거, 제대로 해보자 싶었다.

군 체육대회 날, 더 넓은 운동장에 다시 쌀포대들이 줄지어 놓였다. 몸을 한번 크게 돌려 풀었다. 어릴 때 장대 높이뛰기 하던 운동장 냄새가 났다. 공부는 관심 없었지만 운동장에서 뛰던 다리는 아직 방향을 알고 있는 것 같았다.

호각이 울렸다. 포대를 들어 올렸다. 처음에는 호흡을 세며 버텼다.

"하나, 둘…"

옆에서 한 사람, 또 한 사람이 포대를 내려놨다. 시간이 갈수록 팔이 덜덜 떨렸다. 어깨가 빠질 것 같았다. 손가락 끝이 저릿저릿했다.

남은 사람은 나까지 셋.

'마지막이다.'

다리를 넓게 벌려 자세를 고쳐 잡았다. 허리를 살짝 젖히고 숨을 들이마신 뒤 있는 힘을 모두 팔에 모아 포대를 더 위로 들어 올렸다.

"으악!"

나도 모르게 소리가 터져 나왔다. 관중석에서 웃음과 탄성이 동시에 터졌다. 양옆에 서 있던 사람들이 나를 한번 쳐다보더니 거의 동시에 포대를 내려놓았다. 호각이 울렸다.

"1등! 축하드립니다!"

간이 무대에 올라가 현수막 앞에 섰다. 손에는 상장 한 장과 봉투 하나가 쥐어졌다. 봉투 안에는 5만 원이 들어 있었다. 얼마 전 면민 체육대회에서 받은 3만 원보다 많았다.

'오, 이거 꽤 쏠쏠하네.'

집에 돌아와서야 진짜 대가를 알았다. 팔을 들어 올릴 수가 없었다. 허리를 조금만 굽혀도 숨이 멎는 것 같았다.

다음 날 약국에 갔다.

"팔목 보호대 있어요?"

"어디 다치셨어요?"

"쌀포대 들기 대회 했어요."

"아이고, 무리하셨구먼요."

팔목 보호대를 사고도 통증이 가시지 않아 결국 병원까지 갔다. X-ray를 찍고, 물리치료를 몇 번 받았다. 계산서를 보니 10만 원이 넘었다. 집으로 돌아오는 길에 혼잣말이 나왔다.

"상금은 5만 원인데, 병원비는 10만 원이네."

계산만 하면 손해였다. 어릴 적 할머니가 했던 말이 떠올랐다.

"너는 공부는 안 하고 맨날 뛰어다니기만 한다."

"할머니, 나 운동 잘해요."

"운동 잘해서 뭐 하니, 공부를 해야지."

그때는 혼나기만 했던 그 운동신경 덕분에 서천군 1등이라는 타이틀을 한 번 달아봤다. 그날까지 버티게 해 준 내 몸과, 아직 남아 있던 근성 한 줌이 고마웠다.

독사와 김장

가을이었다. 바람이 배추잎 사이를 지나가며 서걱서걱 소리를 냈다. 김장철이 시작되면 늘 그렇듯, 밭부터 살펴야 했다.

밭에 나가니 배추가 단단하게 속을 채우고 서 있었다. 푸른 잎이 겹겹이 말려 올라가 있었고, 줄기 쪽은 흙먼지가 하얗게 앉아 있었다.

“올해는 배추가 잘됐네.”

“그러게요. 크게 자랐어요.”

남자 친구가 옆에서 허리를 펴며 말했다. 이미 상당수는 뽑아두었지만, 마음이 계산을 앞질렀다.

대전에 있는 딸 얼굴이 떠올랐다.

"딸애 줘도 남겠네."

그러자 마음속에서 한 줄이 더 붙었다. '조금 더 뽑자. 김치 넉넉해야지.'

욕심이라고 할 만큼도 아닌, 그냥 엄마 마음이었다.

배추 사이로 손을 집어넣었다. 차가운 흙과 잎맥이 손등을 스쳤다. 그다음 순간, 번개처럼 날카로운 통증이 올라왔다.

"악!"

손을 홱 빼냈다. 손등에 두 줄로 붉은 자국이 선명했다. 배추 밑동 사이로 초록빛이 스르르 미끄러져 나갔다. 독사였다.

"여보, 독사한테 물렸어."

남자 친구가 삽을 내던지고 달려왔다.

"뭐? 어디?" "손이…"

손등이 벌써 부풀어 오르기 시작했다. 피가 맺히더니 금세 번져 나갔다.

"이게 뭐여, 얼른 병원 가야지!"

그가 내 팔을 붙잡고 밭둑을 내려갔다. 나는 뒤를 한 번 돌아봤다. 배추 줄기 옆으로 뱀의 몸이 풀잎 사이를 헤집으며 사라지고 있었다. 속으로 중얼거렸다. '내가 먼저 봤으면, 저놈이 먼저 죽었을 텐데.'

하지만 먼저 본 쪽은 독사였다. 나는 병원으로 끌려갔다. 응급실 형광등 불빛이 눈을 찔렀다.

"독사한테 물렸어요."

의사가 장갑을 끼고 손등을 살펴봤다.

"독사 맞네요. 해독치료 해야 합니다."

주삿바늘이 연달아 팔에 꽂혔다. 해독제와 진통제가 링거줄을 타고 천천히 몸으로 들어왔다. 손등은 불붙은 것처럼 뜨거웠고, 팔 전체가 쑤셔왔다.

남자 친구는 침대 옆 의자에 앉아 있었다. 팔짱을 끼고 있다가도 자꾸 일어나 내 얼굴을 들여다봤다.

"아파?"

"좀."

"그놈이 어디서 튀어나왔대…"

둘 다 말수가 줄었다. 천장 시계 초침 소리만 크게 들렸다.

몇 시간쯤 지나자 통증이 조금 가라앉았다. 손등의 붉은 기운이 누렇게 번져갔다.

"이제 괜찮아요. 집에 가서 푹 쉬세요."

의사가 퇴원을 허락했다. 집에 돌아와 이불 위에 누웠다. 몸 구석구석이 묵직했다. 그래도 숨은 편안했다. 며칠 뒤, 부기가 빠지면서 물린 자리만 옅은 자국으로 남았다. 손등 피부가 살짝 움푹 들어가 있었다. 시간이 지나자 그날의 통증은 흐려졌다. 김장철이 돌아올 때마다 사람들은 물었다.

"요즘도 김장해요?"

"그럼. 근데 나 김장하다 독사한테 물린 적 있어."

"정말요?"

“응, 배추 뽑다가. 무섭긴 뭐가 무서워. 그냥 화가 나더라니까. 내가 먼저 봤으면, 그놈이 먼저 죽었지.”

말끝에 웃음이 붙였고, 사람들도 함께 웃었다.

우리 집의 허물

어느 날 저녁이었다. 일을 마치고 버스에서 내려, 익숙한 골목을 걸어 집으로 돌아왔다. 현관 위 전등이 누렇게 켜져 있었다. 문고리를 잡고 발을 들이려는데, 문지방 위에 길게 무언가가 걸쳐져 있었다.

"이게 뭐지?"

처음엔 헝겊인 줄 알았다. 가까이 허리를 굽히고 들여다봤다. 하얗게 말라붙은 껍질이었다. 비늘 자국이 촘촘히 남아 있는, 뱀 허물. 순간 등줄기가 서늘해졌다. 문지

방 한가운데,집 안에서 나갔는지 밖에서 들어왔는지 모를 자리에서 길게 몸을 늘어뜨린 채 놓여 있었다.

집이 흙집이다 보니 벽과 마루 사이, 장판 밑 군데군데 틈이 있다. 뱀도 그 틈을 따라 제 집 드나들 듯 왔다 갔다 했던 모양이었다.

'여기서 허물을 벗었구나.'

문을 살짝 열었다. 먼저 신발장 뒤를 보고, 부엌 바닥을 한번 훑어보고, 마지막으로 방문을 열었다. 냉장고 돌아가는 소리만 웅웅 들렸다. 바닥에는 아무것도 없었다. 그래도 안심이 되지 않았다.

'혹시 아직 안에 있는 건 아니겠지.'

머릿속이 저절로 작은방으로 향했다.

딸이 어렸을 때였다. 작은방에서 자던 아이가 아침에 울며 뛰어나왔다.

"엄마, 아파."

"어디가?"

"다리…"

이불을 젖히고 다리를 보았다. 종아리 한쪽이 빨갛게 부어 있었다.

"이게 뭐야…"

작은방 구석, 장판 끝을 들추니 거기에 지네 한 마리가 또아리를 틀고 있었다. 아이를 부둥켜안고 병원으로 달려갔다. 약을 바르고, 며칠 동안 아이 다리를 살피며 불안해서 밤잠을 설쳤다.

그때도 겁이 났지만 지네는 손으로 잡을 수 있는 크기였다. 눈앞의 허물은 달랐다. 길이를 보니, 뱀 몸통도 제법 굵었을 것 같았다. 나무 아래나 밭두렁에서 멀찍이 본 적은 있어도 집 문턱에서 뱀의 흔적을 보기는 처음이었다.

'아이들이 오면 어쩌지.'

아들, 딸, 며느리, 손자. 가끔 전화해서 주말에 내려오겠다고 하면 좋다는 말이 먼저 나왔다.

"엄마, 이번 주에 갈게요."

"응… 와."

전화를 끊고 나면 현관부터 떠올랐다.

'혹시 또 들어와 있으면 어떡하나. 손자가 다치면 어떡하지.'

그날 이후 집 안 구석구석을 살폈다. 벽과 바닥 사이 틈에는 헝겊을 밀어 넣고, 창틀 밑은 테이프로 막았다. 그래도 흙집이라 완전히 막을 수는 없었다. 계단 아래, 장독대 뒤, 어디선가 또 구멍이 보였다.

"조심해야 해. 뱀이 있을 수도 있어."

현관 앞 돌에 앉아 스스로 중얼거렸다.

지금은 비가 와도 해가 떠도 문지방은 깨끗하다. 그래도 퇴근해 문을 열 때면 나는 늘 먼저 발끝을 멈추고 문턱부터 내려다본다.

이 집이 내 집이니까.

멈추지 못한 하루

몸이 아팠다. 언제부터였는지 정확히 기억나지 않는다. 어느 날부터인가 배가 묵직하게 아팠다. 밥을 먹고 나면 더부룩했고, 가만히 있어도 속이 비틀리는 것 같았다. 처음엔 대수롭지 않게 넘겼다. '피곤해서 그런가 보다.' 아침마다 어린이집으로 나갔고, 아이들 밥을 짓고, 설거지를 하고, 수다 떠는 소리에 섞여 하루가 갔다. 몸은 아픈데, 일은 멈추지 않았다.

그래도 통증은 사라지지 않았다. 밤에 누우면 배가 더

당겼다. 이리저리 뒤척이다 겨우 잠들곤 했다.

결국 동네 병원에 갔다.

"어디가 불편하세요?"

진료실 특유의 소독약 냄새가 코를 찔렀다.

"배가 아파요." "언제부터요?" "한동안 계속 그랬어요."

의사가 청진기를 배 위에 대고 여기저기 눌러봤다.

"소화가 안 되셔서 그럴 거예요. 진통제 드릴게요."

처방전 위에는 익숙한 약 이름이 적혔다. 약국에서 흰 약봉지를 받아 들었다. 집에 돌아와 약을 먹으니 통증이 조금 가벼워졌다. 몸이 훨씬 후련해지는 느낌이 들었다.

'다행이다. 별일 아니었구나.'

다음 날 다시 어린이집으로 출근했다.

"선생님, 오늘은 뭐 먹어요?"

"오늘은 카레야."

"와!"

아이들이 소리치며 주방 창가에 몰려왔다. 노란 카레 냄새가 식당 안으로 퍼졌다. 아이들 얼굴이 환하게 빛났다. 그 모습을 보며 마음을 다잡았다.

'정년까지만 버티자. 거기까지만 가면 된다.'

그게 내 작은 목표였다. 그런데 또 다른 이상한 변화가 찾아왔다. 술을 전혀 마실 수가 없었다. 예전에는 빨간 소주 두 병쯤은 가볍게 비웠는데, 어느 날부터인가 한 모금만 마셔도 속이 뒤집혔다. 남자 친구가 물었다.

"왜 안 마셔?"

"몸이 안 받아."

"원래 잘 마셨잖아."

"나이 들어서 그런가 봐."

대충 웃어넘겼다. 나이 탓, 피곤 탓. 몸이 보내는 신호를 그렇게 덮었다. 아들은 몇 번이고 말했다.

"엄마, 종합검진 받아야 해요."

"괜찮아." "엄마, 한 번만 받아봐요."

"바빠서 시간이 없어."

전화를 끊고 나면 늘 똑같은 하루가 눈앞에 있었다. 아침 준비, 점심 배식, 설거지, 청소. 쉬려면 일을 비워야 했다. 일을 비우면 하루 품삯이 사라졌다.

"나중에 할게."

그렇게 미뤘다. 2024년이 되자 아들이 다시 전화를 걸었다.

"엄마, 올해는 꼭 검진 받아야 해요."

"알았어."

"진짜 받으실 거예요?"

"응."

어린이집 일정표를 보며 날짜를 계산했다. 하계휴가가 8월 초였다.

"엄마 휴가는 8월 초야."

"그럼 그때 맞춰서 검진 예약할게요."

아들이 예약을 잡아줬다. 검진 날, 여러 가지 검사 기계에 몸을 맡겼다. 피를 뽑고, 위를 보고, 배를 찍고. 몸이 하루 종일 병원 안을 돌았다.

'별거 아니겠지.'

검사 결과지는 나중에 우편으로 올 거라 했다.

며칠 뒤, 생각보다 이른 전화가 왔다.

"어머님, 지금 당장 큰 병원에 가서 정밀검사를 받아보세요."

수화기 너머 목소리가 급했다.

"네?"

"빨리 가보셔야 합니다."

"뭐가 문제인가요?"

"일단 큰 병원에서 정밀검사 받으세요."

바닥이 살짝 기울어지는 느낌이 들었다.

건양대병원에 정밀검사 예약을 했다. 8월 중순, 병원 복도는 사람들로 가득했다. CT, MRI, 혈액검사. 하루 종일 이름이 불렸다.

"이경희 님, 이쪽으로 들어오세요."

몸은 검사 기계 속으로 들어갔다 나왔다. 차가운 침대에 누워 천장을 바라보며 생각했다. '빨리 끝나고 집에 가야지. 내일도 출근해야 하니까.' 검사 결과를 듣는 날은 10월이었다. 가을바람이 병원 창문을 스쳤다. 의사가 서류를 들고 들어왔다. 표정이 밝지 않았다.

"보호자분만 남고, 환자분은 잠시 나가 계시는 게 좋겠습니다."

나는 고개를 저었다.

"괜찮아요. 같이 들을게요."

의사가 한숨을 쉬듯 말했다.

"복막암 4기입니다."

순간 머리가 하얘졌다.

"네?"

소리가 잘 들리지 않았다. 입 모양만 보였다.

"암입니다. 4기예요. 간에도 전이된 것으로 보입니다."

의사의 설명이 이어졌지만 어떤 말도 제대로 머리에 들어오지 않았다. 집에 돌아와 의자에 앉았다. 시계 초침 소리가 크게 들렸다. '암이라니… 지난 2년 동안 술 한 잔도 못 받던 몸, 계속되던 복통. 그때 이미 병이 자라나고 있었던 걸까.'

동네 친구가 소식을 듣고 찾아왔다.

“들었어. 괜찮아?”

“응…”

“너는 왜 지금까지 몸 하나 돌보지 않고 살아왔냐.”

친구가 한숨을 쉬었다. 나는 천천히 말을 꺼냈다.

“남편이 죽고 난 후로 단 하루도 일을 쉴 수가 없었어.”

말을 이어가며 눈앞에 스쳐 지나가는 장면들이 있었다. 김공장, 새우 작업장, 어린이집 부엌, 밤길을 혼자 걸어 돌아오던 길.

“아이들 밥을 굶길 수는 없잖아.”

친구가 아무 말도 하지 못했다. 나는 컵에 물을 따랐다. 손이 조금 떨렸다. ‘그렇게 살다 보니 여기까지 왔구나.’ 동네 병원에서 받아온 작은 약봉지가 식탁 위에 놓여 있었다. 형광등 불빛이 비치며 비닐 위로 희미한 빛이 번졌다. 약봉지 옆에는 어린이집 열쇠가 놓여 있었다. 내일 또 돌아가야 할 아이들이 카레를 기다리는 주방.

하루의 시간이 조용히, 계속 흘러가고 있었다.

나물밥과 진통제

나는 나물을 좋아한다. 어릴 때부터 그랬다. 시금치나물, 콩나물무침, 고사리나물. 간장 조금, 참기름 몇 방울, 마늘 약간. 그 나물들만 있으면 밥 한 공기는 금방 비웠다. 고기는 덤이었다.

"엄마, 고기 드세요."

아이들이 젓가락으로 고기를 집어 내 밥그릇 위에 올려놓으면 나는 슬쩍 다시 접시에 옮겨놓곤 했다.

"아니야, 엄마는 나물이 좋아."

입맛이 까다로워서가 아니었다. 기름기 많은 건 몸이 잘 받지 않았다. 나물 먹고 있으면 속이 편했다. 암 진단을 받고 나서도 달라지지 않았다.

"엄마, 힘내려면 고기 드셔야 해요."

"괜찮아. 엄마는 나물 먹을게."

"그래도 조금은…"

"이게 편해."

식탁 위에 놓인 건 늘 비슷했다. 데친 시금치, 무친 콩나물, 조미한 미역줄기. 공깃밥 두 개. 나와 함께 사는 사람 몫까지. 병원에서 받아온 진통제는 밥상맡 한쪽에 놓여 있었다. 밥을 먹고 물 한 모금에 약을 삼켰다. 몸은 아팠지만 밥맛은 있었다.

건양대병원에서 항암치료가 시작됐다. 머리카락이 손에 한 움큼씩 빠졌다. 입안은 헐고, 손발은 전기가 흐르는 것처럼 찌릿거렸다. 계단 몇 칸만 올라가도 숨이 찼다. 그래도 약속한 날이면 병원에 갔다. 주사 맞는 팔을 내밀고 눈을 감았다. 며칠 지나자 의사가 말했다.

"어머니, 당뇨 수치가 정상으로 내려왔어요."

"그래요?"

"네. 혈압도 안정적입니다."

말을 곱씹었다. 사실 나는 평생 당뇨를 달고 살았다. 남편이 세상을 떠나고부터는 병원을 다닐 시간이 없었다. 일 나가는 날과 진료 날짜가 맞지 않았다. 아침밥도 허겁지겁 먹고 나가는데 나까지 챙길 여유가 없었다.

"엄마, 평생 당뇨 있으면서 왜 병원 안 다녔어요?"

나중에 아들이 물었다.

"시간이 없었어."

"시간이 없긴요. 건강이 제일인데."

"먹고 살아야 했잖아."

아들의 목소리가 조금 떨렸다. 대답을 덧붙일 말이 떠오르지 않았다. 그때는 정말 그랬다. 하루 벌어 하루 먹는 삶에서 제일 먼저 미루게 되는 게 내 몸이었다. 이제야 항암치료 덕에 정기 검사를 받고, 약도 꼬박꼬박 챙겨 먹게 됐다. 소박한 식단이 그 사이 몸을 버텨준 건지도 모른다.

어느 저녁, 남자 친구가 밥그릇을 내려놓으며 말했다.

"오늘 나물 맛 좋네."

"응. 시장에서 시금치가 싱싱하더라."

우리는 말없이 밥을 먹었다. 젓가락 끝에 나물이 한 번, 또 한 번 올라갔다 내려왔다. 밥상 한가운데에는 반찬 몇 개, 모서리가 눈에 들어왔다. 둘이 나란히 앉아 밥을 다 비우면 쌀뜨물로 그릇을 헹구고 약봉지를 접어 서랍에 넣었다.

익숙한 벨 소리

낮이면 휴대전화가 먼저 움직인다. 책상 위에서 진동이 울리고, 그다음에 익숙한 벨 소리가 따라온다. 딸이다.

육아휴직 중이라 집에 있는 시간이 많다. 그래서 내 점심시간쯤이면 어김없이 전화가 온다.

"엄마, 나야."

"응, 잘 지내니?"

창밖으로 햇빛이 슬쩍 기어들어 오고, 나는 선풍기를

끄고 전화기를 귀에 댄다.

"엄마, 오늘 뭐 드셨어요?"

"나물 먹었어.""또 나물이요?"

"그래, 나물 먹어야 속이 편해."

"약은요? 제시간에 드셨어요?"

"응, 먹었어."

"진짜요?"

"그럼, 알람 맞춰놨어."

별 얘기도 아니다. 오늘 먹은 반찬, 약 먹은 시간, 날씨 이야기. 가끔은 전화기를 바꿔 든 손자들 목소리가 들린다.

"할머니!"

"어, 우리 손자. 잘 지내?"

"응! 오늘 유치원에서 그림 그렸어!"

"그래? 뭐 그렸는데?"

"공룡!"

작은 목소리가 전화기 속을 뛰어다닌다.

"할머니 보고 싶어!""할머니도 보고 싶어."

그 말 한마디에 가슴 한쪽이 뜨끈해진다. 어쩌다 전화가 없는 날이 있다. 정오가 지나고 오후가 깊어도 전화기가 조용하면 시계부터 보게된다.

'오늘은 왜 이렇게 조용하지. 애가 많이 보채나, 어디 아픈가.'

집 안은 그대로인데 마음만 왔다 갔다 한다. 싱크대 옆에 세워 둔 휴대전화가 유난히 멀게 느껴진다. 저녁 무렵이 되어서야 벨 소리가 울리면 안도의 숨이 먼저 나온다.

"엄마, 미안해요. 오늘 애가 계속 울어서 이제야 전화했어요."

"괜찮아. 손자는 좀 어때?"

"이제는 잘 자요. 엄마는요?"

"나도 괜찮아. 별일 없었어."

통화를 끊고 나니 방 안 공기가 한결 가벼워졌다. 딸은 모를 것이다. 그 작은 '엄마' 한마디가 얼마나 큰 힘이 되는지. 암과 싸우는 동안 몸이 지치는 날이 많았다. 병원에서 돌아와 약 봉지를 식탁에 내려놓고 나면 숨이 턱 막히는 날도 있었다. 그래도 낮에 전화벨이 울릴 거라는 걸 알고 있으니 침대에서 완전히 주저앉지는 않았다.

'조금만 더 버티자. 이 소리를 더 오래 듣고 싶다.'

조용한 방 안, 불현듯 울려 퍼지는 익숙한 벨 소리는 들꽃 한 다발을 창가에 걸어두는 것 같았다.

다시 걷는 시간

복막암 4기 진단을 받고 난 뒤, 침대 머리맡에 붙은 시계만 바라보는 날이 이어졌다. 몸이 말을 듣지 않았다. 허리를 조금만 세워도 숨이 막혔다. 화장실까지 몇 걸음 걷는 일도 큰일이 됐다. '이렇게 누워 있다가 끝나는 건가.' 생각이 거기까지 갔다. 그 무렵 의료파업이 한창이었다. 담당 의사가 말했다.

"지금 상태에선 검사를 무조건 해야 합니다. 대기 중이니 공복 상태를 유지하세요."

"얼마나요?"

"열흘 정도 보셔야 합니다."

열흘. 그날부터 밥 대신 물만 마셨다. 냉장고 문을 열었다 닫고, 싱크대 앞에 섰다가 돌아섰다. 입안은 텁텁했고, 손에는 힘이 빠져 컵도 오래 들 수 없었다. 열흘째 되는 날, 아들과 딸과 함께 병원으로 갔다. 혈액검사를 먼저 했다.

잠시 후, 의사가 난처한 얼굴로 말했다.

"혈당 수치가 너무 높습니다. 이 상태에선 PET-CT를 찍을 수가 없습니다."

"그럼… 어떻게 해야 해요?"

"다시 기다리셔야 합니다. 일주일 정도 더 공복을 유지해 보세요."

말이 잘 들리지 않았다. 옆에 서 있던 아들이 벌떡 일어났다.

"사람을 이렇게 굶기면 멀쩡한 사람도 쓰러지겠어요! 이게 말이 돼요?"

의자 등받이가 덜컥 소리를 냈다.

“아들아.”

나는 팔을 잡아당겼다.

“그만해. 어쩔 수 없어.”

아들이 이를 악물었다. 집으로 돌아오는 차 안에서 아무도 말을 하지 않았다. 창밖으로만 눈이 갔다. 다시 물만 마시는 일주일이 더 이어졌다. 총 삼 주. 몸무게는 열 킬로그램이 빠졌다. 거울 앞에 서 보니 어깨뼈가 훤히 드러났다.

‘이러다 검사가 끝나기도 전에 죽겠구나.’

그래도 정해진 날이 오긴 왔다.

PET-CT 촬영을 마치고 본격적인 항암치료가 시작됐다. 그러나 이미 몸은 바닥까지 내려간 뒤였다. 병원 복도를 걸어 나오다 무릎이 툭 풀렸다. 아들과 딸이 보행 보조기를 들고 왔다.

“엄마, 이거 잡고 걸어요.”

검은색 네 바퀴에 작은 의자가 달려 있었다.

"이걸 내가…"

손잡이를 잡아보았다. 손아귀 힘이 부족해 미끄러질 것 같았다. 그래도 잡았다. 처음에는 집 앞 골목만 돌았다. 보조기의 바퀴 소리가 자갈 위를 긁었다. 몇 걸음 가지도 못해 숨이 거칠어졌다.

"여기까지만 할까?"

말이 나올 때쯤, 옆에서 남자 친구가 말했다.

"조금만 더 가요. 체력이 있어야 항암도 버텨요."

보조기를 밀던 손이 약간 떨렸다. 그래도 발을 한 번 더 떼었다.

다음날에는 동네를 한 바퀴 돌았다. 골목 어귀, 슈퍼 앞, 버스정류장까지. 가던 길마다 잠깐씩 의자에 앉아 숨을 골랐다. '포기하면 여기서 끝이다.' 아들, 딸, 손자들 얼굴이 차례로 떠올랐다.

2025년 1월, 어느 추운 날이었다. 보조기 없이 한번 걸어 보자고 마음을 먹었다. 현관 앞에서 손잡이 대신 벽을 짚었다. 한 걸음, 또 한 걸음. 발자국 둘이 마당 흙

위에 찍혔다. 뒤에서 딸이 소리쳤다.

"엄마, 혼자 건네!"

눈물이 먼저 났다. 딸도 눈가를 훔쳤다.

"봐라, 엄마는 원래 강한 사람이야."

그 말에 웃음이 났다.

2025년 6월, 다시 건양대병원 진료실.

의사가 서류를 넘기며 말했다.

"어머니, 건강관리를 잘하셨네요. 몸무게도 늘었고, 수치도 전보다 훨씬 좋습니다."

"그래요?"

"네. 지금처럼만 하시면 됩니다."

진료실을 나오며 계단을 스스로 내려갔다. 손잡이를 잡긴 했지만, 발걸음이 가벼웠다. 암을 발견하기 직전보다 지금이 더 건강해진 것 같다는 생각이 들었다. 집으로 돌아오는 길, 보조기는 현관 한쪽에 조용히 서 있었다. 흙길 위에 한때 찍혀 있던 작은 발자국들, 그 옆에서 함께 굴러가던 네 개의 바퀴가 떠올랐다.

어디까지 갈 수 있을지는 알 수 없다. 그래도 한 걸음 더 내디딜 수 있게 됐다. 다시 걸을 수 있다는 것. 지금의 나에겐 그 사실 하나면 충분했다.

조금 더

조금 더 살고 싶다.

이제 내 곁에는 함께 사는 사람이 있다. 늦게 만난 친구이자 동행. 아침이면 밥상을 마주 앉는다. 한쪽 그릇에 국을 조금 더 퍼 주고,

"이거 더 먹어."

한마디 건네면 그는 말 대신 숟가락으로 대답한다.

저녁이면 나란히 TV 앞에 앉는다. 채널을 돌리다가 멈추고, 괜찮다 싶은 드라마가 나오면 서로 고개만 한번

끄덕인다. 말은 많지 않다. 그래도 방 안에는 예전엔 없던 사람 숨소리가 있다. 그 소리만으로도 마음이 덜 비어 있다.

아이들은 자기 삶을 꾸렸다. 아들은 서울에서 일한다. 며느리와 손자 둘과 함께 산다. 가끔 사진을 보내온다. 케이크 앞에 초를 꽂고 웃는 얼굴, 놀이터 모래밭에서 신발 벗어던진 발.

딸은 대전에서 육아휴직 중이다. 박서방과 손자 둘과 산다. 점심시간마다 전화해서 묻는다.

"엄마, 밥 드셨어요? 약 드셨어요?"

이제 아이들의 끼니를 걱정하지 않는다. 학비, 급식비, 준비물 값으로 밤을 새워 계산하던 날들은 지났다. 대학도 보냈고, 취업도 시켰고, 결혼식장에 앉아 하객들 틈에서 꽃손수건을 꼭 쥔 적도 있다. 손자, 손녀가 태어나 내 품에 안겼다.

'이 정도면 엄마 역할은 다 했다.' 마음 한구석은 그렇게 말한다. 남편이 떠난 뒤 거의 서른 해를 혼자서 버텼다. 공장, 식당, 김공장, 어린이집 부엌. 넘어지지 않으려고 하루하루 발을 디뎠다. 이제야 숨 좀 고르나 했을 때 복막암 4기라는 말을 들었다.

아이들 다 키우고, 함께 밥 먹을 사람도 생기고, 이제 조금 쉬어도 되겠다 싶던 때였다.

'왜 하필 지금일까.'

병원 복도를 걸을 때마다 그 생각이 따라왔다. 검사 결과지를 앞에 두고 의사 설명을 듣고 있으면 머릿속에서는 자꾸만 '조금만 늦게 왔으면 좋았을 텐데'하는 말이 맴돌았다.

원망도 들었다. 그래도 결국 받아들일 수밖에 없었다.

그래도, 한 가지 소원은 남아 있다.

조금 더.

손자들이 학교에 들어가는 모습을 보고 싶다. 가방이 몸보다 더 커서 뒤뚱뒤뚱 걷는 뒷모습을 한 번만 더 보고 싶다. 아들과 딸이 지금보다 더 편안한 얼굴로 웃는 것도 보고 싶다. 퇴근길 지하철 대신 가끔은 여행 사진을 보내오는 날을 보고 싶다. 함께 사는 사람과 조금 더 밥을 나누고 싶다. 같은 드라마를 몇 편 더 보고, 같은 계절을 한두 번쯤 더 지나고 싶다. 창가에 섰다.

해가 기울며 방 안으로 들어왔다. 나무틀 사이로 들어온 빛이 식탁 위 반지 두 개를 비췄다. 우리 둘의 손가락에서 빠져나와 나란히 놓여 있는 금빛 고리. 손을 들어 창가에 대 보았다. 손가락 사이로 빛이 스며들었다. 살갗 위에 햇살이 얇게 늘어졌다.

그 빛이 머무는 동안, 잠시 반지를 만지작거렸다.

마지막 말

상훈이 아빠로부터 물려받은 논과 집을 상훈이에게 넘겼다. 밭도 함께 주고 싶었지만, 법 때문에 한 번에 넘길 수는 없었다.

그래도 괜찮았다.

언젠가 상훈이가 다시 서천으로 내려와 살게 될 거라고 나는 믿고 있었다. 그렇게 생각하면 이 땅과 집도 제자리를 찾는 것 같았다.

다시 과거로 돌아갈 수 있다면 나는 상훈이 아빠와 결

혼하지 않았을 것이다. 상훈이와 은경이는 소중하지만, 그 과정이 너무 힘들고 고달팠다.

결혼 후 얼마 지나지 않아 시작된 긴 간병은 내 몸과 마음을 다 갉아먹었다. 다시 선택할 수 있다면 나는 적어도 질병을 가진 사람과는 만나지 않을 것이다.

그런데 지금,

이 모든 것을 정리하며 돌아보면

후회보다 감사가 먼저 남는다.

상훈아, 은경아. 내 며느리 미화, 사위 철민. 민형이, 찬형이, 서준이. 그리고 이서야. 엄마는, 할머니는 너희가 살아가는 모습을 멀리서 바라보며 조용히 마음을 다듬는다.

살아온 날들은 쉽지 않았다. 넘어지고, 부서지고, 어떤 날은 사라지고 싶기도 했다. 그래도 끝내 일어나 다시 걷고, 여기까지 왔다. 너희가 있어서 가능했다.

아들아, 딸아

삶이 힘겨울 때 엄마처럼 버티기만 하지는 않았으면

한다. 조금은 덜 힘들게, 조금은 더 다정하게 너희 삶을 살았으면 한다. 힘들면 손을 내밀어도 된다. 쉬어야 할 땐 쉬어도 된다.

며느리, 사위야

너희가 내 아이들 곁을 지켜주는 일이 나에게는 큰 마음이다. 살다 보면 길이 멀고 험할 때도 있겠지. 그럴수록 서로를 믿고 손을 놓지 말았으면 한다.

우리 손자들, 손녀야.

너희는 아직 긴 길을 앞두고 있다. 너희가 걷는 세상이 내가 살아온 세상보다 조금 덜 아프고, 조금 더 따뜻했으면 한다. 무엇보다 너희 자신을 아끼고 사랑하며 살아가 주었으면 한다.

엄마는, 할머니는 멀리서 조용히, 변함없이 너희 편으로 남아 있을 것이다. 너희의 모든 날이 평안하고 따뜻하기를.

엄마, 그리고 할머니가.

에필로그

엄마 이야기를 읽다가 자꾸 손이 멈춘다. 문장 끝에서 끝으로 넘어가지 못하고, 나는 여백을 보게된다. 종이의 빈칸이 더 크게 느껴질 때가 있다. 엄마가 적어둔 말들 사이에는 내가 기억하는 장면이 끼어 있다.

아빠는 내 기억에서 늘 조각이다. 방 안에 가득 찼던 풍선. 알록달록한 색이 먼저 떠오른다. 추운 날, 아빠가 강아지를 안고 방 안까지 들어왔던 손의 온기.

"만져봐."

하고 내 손을 잡아주던 순간.

날씨 좋은 날엔 마당 샘에서 같이 양치질을 했다. 물이 차가웠는지 따뜻했는지 기억이 없다. 대신, 서서 고개를 숙였던 자세가 남아 있다.

여름날 마당 평상에서 먹던 저녁, 마당에서 같이 봤던 무지개. 오빠가 나를 괴롭히면 아빠 다리 뒤로 숨었던 일. 작은 방에서 아랫목부터 아빠, 나, 엄마, 오빠 순서로 나란히 누워 자던 밤.

나는 아빠 얼굴보다 목소리를 먼저 떠올린다. 지금의 오빠보다 낮은 중저음. 듣기 좋은 톤. 말의 내용은 남지 않았는데, 소리의 높낮이만 기억난다.

엄마는 아빠의 이야기를 쓰는데, 내 머릿속에는 마당이 자주 생각난다. 감나무에 그물을 매달아 손질하시던 아빠의 팔. 샘에 잔뜩 있던 전복 껍데기. 안쪽 무지개색을 한참 들여다본 내 눈. 갑오징어 뼈를 신발 밑창인 줄 알았던 오해. 갯가재는 '그땐 버리던 음식'이라는 말과 함께 기억에 남는다.

어느 날 먹고 싶다고 말했는데, 그 뒤로는 한 번도 못

먹었다.

아빠와 병원 기억은 아리송하다. 초록색 고무 경사로를 뛰어다니던 발. 바닥과 신발이 떨어지며 나는 착착 소리. 나는 그 소리가 재미있었다. 병원 뒤편 은행나무가 노랗던 날, 엄마가 은행을 줍는 걸 옆에서 구경했다. 그때 아빠 몸에는 줄이 많았고, 아빠는 계속 자는 것 같았다. 나는 "자는 것 같았다"는 말로만 그 장면을 붙잡고 있다.

어떤 날은 기억이 너무 선명해서 도망치고 싶다. 가족이 나란히 눕던 그 자리. 늘 아빠 자리였던 곳에, 흰 옷을 입은 아빠가 아랫목에 누워 있던 날. 아빠 입에 쌀을 넣던 손들. 나는 왜 그러는지 몰랐다. 집에 병음료수가 짝으로 쌓여 있어 신났던 내 마음. 상여를 따라가던 발걸음. 관이 닫히지 않아 이웃집 아저씨가 올라가 발로 밟던 순간. 나는 그게 미웠다. 아직도 그 아저씨 얼굴을 기억한다.

나중에야, 아빠 배에 복수가 차서 관이 닫히지 않았을

거라는 말을 들었다. 그 말이 사실이었을까?

나는 엄마 손을 더 자주 떠올린다.

창호지 문을 떼고 풀을 바르던 냄새. 모기장을 고치고, 종이를 붙이고, 문을 다시 매만지던 엄마의 손끝. 이불을 빨아 솜을 틀고, 새로 빨아낸 이불 옆에서 내가 얼쩡거리던 장면. 방해가 되는 걸 알면서도, 나는 그 자리에 눕고 싶었다.

밤에 야간 일을 나가며 엄마가 틀어두고 간 찬송가 테이프도 있다. 종교가 있어서가 아니라, 그때의 집 공기와 같이 남아 있다. 몇 곡은 다 잊었는데 '나의 등 뒤에서'만 남았다. 봄의 멸막, 여름 새벽의 항구, 겨울밤의 김 공장. 내가 왜 따라갔는지는 모르지만, 엄마가 얼마나 많은 일을 했는지는 몸이 먼저 기억한다.

나는 비 오는 밤 지붕에 부딪히던 큰 빗소리를 좋아했다. 엄마가 새는 지붕을 걱정하던 마음은 몰랐다. 나는 소리만 들었다. 지금은 고층 아파트에 살아서 그런 소리를 못 듣는다. 가끔 괜히 빗소리 백색소음을 찾아 틀어 놓는다. 그럼 잠깐, 우리 집 밤이 돌아온다.

엄마가 아프신 이후 자주 생각한다. 다음에 또 엄마 딸로 태어나고 싶다. 엄마의 품, 온기, 그리고 뼈가 좋다고 통닭은 우리에게 주셨던 일들.

자꾸 이런 일들을 생각하면 책의 여백만 보게된다. 엄마는 엄마의 시간을 사서 나의 시간이 되게 해주었다. 한 문장을 읽는데 꼬박 반나절이 걸렸다. 문장 사이 여백에 눈이 걸렸다.

작별 인사를 하기에 앞서

초판 1쇄 발행 | 2025년 12월 31일
지은이 | 이경희
인터뷰 | 이상훈
펴낸곳 | 마음연결

ISBN | 979-11-24194-03-4
가격 | 17000

주소 | 경기도 수원시 팔달구 인계로 120 스마트타워 604
이메일 | nousandmind@gmail.com